L'intelligence sportive au service du manager

Éditions d'Organisation
Groupe Eyrolles
61, bd Saint-Germain
75240 Paris cedex 05

www.editions-organisation.com
www.editions-eyrolles.com

De Frank Bournois, chez le même éditeur :

Le grand livre du coaching, Frank Bournois, Thierry Chavel et Alain Filleron.

RH - Les meilleures pratiques CAC 40 / SBF 120 - Avec 40 monographies détaillées et 116 fiches synoptiques, Frank Bournois, Sébastien Point, Jacques Rojot et Jean-Louis Scaringella.

Comités exécutifs - Voyage au cœur de la dirigeance, Frank Bournois, Jérôme Duval-Hamel, Sylvie Roussillon et Jean-Louis Scaringella.

Pourquoi j'irais travailler, Eric Albert, Frank Bournois, Jérôme Duval-Hamel, Jacques Rojot, Sylvie Roussillon et Renaud Sainsaulieu.

Chez d'autres éditeurs :

Christophe Inzirillo (en collaboration Vincent Acker et Bruno Lefebvre), *Ados, comment les motiver*, éditions Marabout, 2002.

Les auteurs accueillent volontiers les réactions des lecteurs
aux deux adresses suivantes :

christophe.inzirillo@koroibos.com
frank@bournois.com

© Groupe Eyrolles, 2009
ISBN : 978-2-212-54436-7

Christophe Inzirillo
Frank Bournois

L'intelligence sportive au service du manager

EYROLLES

Éditions d'Organisation

Sommaire

Échauffement

Première partie
Les sept intelligences sportives de l'athlète de haut niveau

Introduction

Chapitre 1

Chapitre 2

Chapitre 3

Chapitre 4

Chapitre 5

Chapitre 6

Chapitre 7

Remerciements

À l'instar d'une performance sportive de haut niveau, ce livre est le fruit de la maturation et d'un travail d'équipe colossal. Le soutien et la collaboration de grandes personnalités du sport nous ont permis de réaliser un travail scientifique que nous souhaitons mettre à la portée de tous. Elles partagent notre conviction que des formes d'intelligence particulières s'expriment dans le sport, notamment de haut niveau. Ces intelligences sportives peuvent être la base d'enseignements majeurs utiles à tous dans la vie professionnelle et dans le management d'activités et de projets de toutes sortes.

Notre gratitude va tout d'abord à Jean-Richard Germont, ancien directeur de l'Institut national des sports et de l'éducation physique (Insep), et Yannick Le Saux qui ont participé au cadrage méthodologique de cet ouvrage. Sans leur implication et leur confiance, ce travail scientifique aurait pu rester au stade des bonnes intentions, sans portée pour le quotidien de chacun. Notre reconnaissance s'adresse naturellement aussi à tous les acteurs que nous avons interrogés au cours de cette étude.

Regards croisés

Les témoignages des directeurs techniques nationaux (DTN) des sports français, par leur position dans l'organisation du sport national, constituent la pierre angulaire de notre travail de départ, à l'origine de ce livre. Le plaisir d'échanger avec eux a été grand, et nous continuons les recherches avec leurs équipes en essayant d'aller plus loin dans la voie de cette collaboration. Nous remercions également vivement pour leur confiance les entraîneurs nationaux, les coachs, les responsables de centres de formation, et les dizaines de sportifs avec lesquels nous travaillons au sein de nos activités professionnelles de consultants et de chercheurs. Leurs propos émaillent ce livre et aident à comprendre les intelligences sportives des athlètes et des coachs.

Nous remercions évidemment les athlètes rencontrés et particulièrement tous ceux qui, discrètement et efficacement, mettent leur intelligence sportive en action dans leur management des situations d'entreprise. Une mention spéciale s'adresse à Valérie Barlois-Leroux, médaillée olympique (escrime), qui mène une carrière de responsable Ressources humaines (au sein de Bouygues Construction) dans cet état d'esprit.

Saluons parallèlement tous les acteurs du monde de l'entreprise qui ont posé un regard, parfois passionné, pour commenter les connexions qui existent entre sport de haut niveau et management. Nous avons, en particulier, beaucoup échangé avec nos collègues du Ciffop-Université Paris 2, mais aussi avec de nombreux DRH de grands groupes parmi lesquels : Cyril Accard (Ores Search), Hervé Borensztejn (EADS), Yves Desjacques (Casino), François Jacquel (Bouygues Construction), Jean-François Garrigues (Bouygues Bâtiment), Philippe Louvet (L'Oréal), Alain Mauriès (Coca-Cola), Jean-François Pilliard (IUMM), Lionel Prud'Homme (Carlson Wagonlit Travel), Anne de Ravaran (Thalès), Christian Rios (Entreprise et Personnel), Philippe Vivien (Areva). Également, nos amis Jacques Rojot et Sylvie Roussillon, complices depuis longtemps sur le développement des managers.

Nos remerciements vont aussi à toutes les entreprises partenaires de Koroïbos qui ont permis de valider et d'approfondir les principaux messages de cet ouvrage. Et tout particulièrement : Orange, Bouygues, Axa, Janssen-Cilag, Coca-Cola...

Nous souhaitons enfin remercier David Lerozier, relecteur final, pour la pertinence de ses remarques, Catherine Lévi, Mehdi El Hanine pour leur aide apportée lors de la genèse de cet ouvrage et Christian Avezard, pour la qualité de ses réflexions. Nous espérons que ces deux derniers poursuivront avec nous leurs travaux de recherche.

Avant-propos et conseils de lecture

Ce livre est le fruit d'un travail approfondi, initié en 2004, qui s'inscrit dans la continuation d'une collaboration de dix ans entre les deux auteurs : une passion pour la compréhension de la performance sportive et de la performance humaine au sein des organisations. Si les ouvrages et articles scientifiques dans ces deux domaines sont très importants, les écrits les articulant sont par contre limités, alors que l'utilisation des discours de personnalités sportives dans les entreprises va croissante. Cette tendance se concrétise, par exemple, par l'invitation de personnalités sportives à l'occasion de conventions ou de réunions de l'encadrement des entreprises. Le sport de haut niveau, véritable secteur économique, qui s'est professionnalisé depuis peu, a été, en fait, négligé par les chercheurs en sciences de gestion et management.

Une question récurrente, voire obsédante, nous a habités pendant ces cinq ans : **comprendre comment les sportifs de haut niveau accèdent à l'excellence.** Cette préparation à l'excellence est bien un thème commun aux sportifs de haut niveau et aux hauts potentiels de l'entreprise.

Dans ce livre, nous avons tenté de découvrir et de décrypter ces processus mal connus. Nous avons volontairement limité les références bibliographiques en les concentrant en fin d'ouvrage, cf. « Pour aller plus loin ». Pour y parvenir, nous avons interrogé les directeurs techniques nationaux (DTN) du sport français dont l'expérience en matière de préparation des athlètes et des champions a servi de base à notre recherche. Ils sont, en effet, les acteurs-clés de la formation initiale et du perfectionnement des athlètes de haut niveau. Dans notre approche méthodologique, nous avons souhaité varier les disciplines sportives pour rendre compte de la diversité des contextes. Nous avons interrogé de façon structurée, sur la base de travaux en management, les personnalités parmi lesquelles :

1. Athlétisme : Robert Poirier

2. Aviron : Yannick Le Saux

3. Basket : Jean-Pierre de Vincenzi (ex-entraîneur équipe de France)

4. Cyclisme : Patrick Cluzaud

5. Escrime : Philippe Omnès

6. Football : Aimé Jacquet (ex-entraîneur équipe de France)

7. Judo : Fabien Canu

8. Natation : Claude Fauquet

9. Rugby : Pierre Villepreux (ex-co-entraîneur équipe de France)

10. Tennis : Jean-Claude Massias et Jean-Paul Loth

11. Tir à l'arc : Jean-Richard Germont (président de la Fédération française de tir)

12. Volley-Ball : Michel Cogne

Nous souhaitons aussi remercier tous ceux qui, n'ayant pas participé directement à nos interviews, ont bien voulu éclairer, de leur expertise, les volets que nous avons abordés lors d'échanges d'informations.

Le lecteur peut voyager de plusieurs manières au sein de l'ouvrage :

• linéairement, en suivant notre choix de chapitres ;

• en commençant par la première partie plus centrée sur le développement des différentes composantes de l'intelligence sportive de l'athlète, ou par la seconde partie consacrée à celle des coachs ;

• en se centrant sur la traduction opérationnelle au profit du manager ; cf. les rubriques « À moi de jouer » qui reprennent les questions que se posent les managers et dirigeants s'inspirant de l'intelligence sportive.

Introduction

Nous sommes tous symboliquement des athlètes

En 776 avant Jésus-Christ, Koroïbos gagne la seule et unique course des premiers Jeux olympiques antiques à Olympie. C'est le premier athlète officiel de l'humanité qui trace la voie à des générations d'hommes et de femmes, qui, comme lui, connaissent le plaisir, la joie, la peine, la souffrance et les exaltations du sport. Entre le travail, la famille, leurs diverses occupations, l'homme et la femme modernes se retrouvent, à son instar, engagés dans un monde frénétique où tout va plus vite. À son image, ils sont à la recherche d'un ordre dans le chaos, d'une unité dans la jungle sociale et, surtout, d'un sens fondamental et pratique pour affronter la vie quotidienne dans un contexte de postmodernité. Et ce combat se mène tant de l'intérieur que de l'extérieur. Le joueur ou athlète symbolique serait donc une transposition dans l'univers de l'entreprise du profil d'un sportif.

Le sport de haut niveau récapitule en quelque sorte les luttes nécessaires qui jalonnent la réalisation de soi dans un monde où la compétition règne en maître. Comprendre et intégrer les ressorts du succès, mobiliser son intelligence situationnelle, sociale et relationnelle dans l'action est un enjeu pour chacun d'entre nous. Savoir vivre dans nos sociétés occidentales, c'est développer un art de vivre avec la compétition. Cela nécessite des efforts personnels, de nombreux apprentissages et de l'intelligence.

Relever les défis par l'effort

Être un athlète, au temps des pharaons ou au temps de la Grèce antique, signifiait devenir immortel[1]. Aujourd'hui, si ce n'est par sa représentation médiatique, l'athlète continue de jouer cette même fonction dans notre imaginaire collectif. Il est devenu un spectacle fascinant, un univers où l'on découvre les vérités, les principes fondamentaux qui nous animent en tant qu'être humain. Confronté aux images et aux reportages, chacun a l'occasion de réapprendre en permanence la façon de se comporter dans l'action, les valeurs qui peuvent le porter, tout comme les dérives inhérentes à la recherche de l'excellence.

Le sport incarne la capacité de chacun à relever les défis par l'effort. Chacun de nous est symboliquement un athlète ! Chacun de nous dessine un destin, sur un terrain plus ou moins consciemment choisi, avec des règles du jeu plus ou moins explicites, avec une compétition de plus ou moins haut niveau. Chacun de nous est engagé de fait. **Chacun est licencié d'une fédération de l'action, de sa propre action.** Être comme un athlète, c'est se comporter en joueur. N'oublions jamais que le jeu est l'un des fondements du sport. Et le jeu nous invite souvent à rechercher les capacités de l'enfant-joueur qui est en nous. Mais jouer, c'est aussi accepter de perdre, pour reprendre une expression d'Aimé Jacquet.

Progresser par le développement personnel

Si, d'un certain point de vue, nous sommes tous des athlètes, alors chacun doit tenter de trouver sa discipline, sa façon de vivre, sa cohérence interne, son style, sa vitesse, sa trajectoire, son centre de circulation, son expression globale, sa pleine forme qui correspond à l'accomplissement de ses nombreuses possibilités. Si l'on accepte que le sport est la seule forme de culture qui coïncide avec la vie réelle, ce monde vivant est en construction permanente, et il appartient à chacun d'entre nous de le construire. Dans la vie profession-

---

1   Cf. les représentations d'athlètes sur les sépultures grecques.

nelle, il est essentiel de se connaître pour atteindre ses objectifs et développer son potentiel.

Une hypothèse centrale anime l'écriture de ce livre : **nous pouvons progresser par le développement personnel qui découle de la manière dont on se mobilise dans l'action sportive, professionnelle ou personnelle.** Ainsi, découvrir comment les athlètes de haut niveau s'y prennent dans leur développement personnel, c'est se donner la possibilité d'acquérir des connaissances et des expériences dans tous les domaines de sa vie. L'analogie sport professionnel/entreprise est puissante ; toutes les semaines, nous en faisons l'expérience au cours de nos séminaires d'entreprises. Le sport de haut niveau peut constituer un modèle pour les praticiens d'entreprise. Il ne s'agit pas d'un modèle théorique abstrait, mais bien d'un modèle vivant et complexe. Il peut être analysé et rendu opérationnel, comme va le montrer cet ouvrage. Les premiers bénéficiaires de cette recherche sont les managers de haut niveau (dirigeants, hauts potentiels), car ils sont ouverts à la compréhension des modalités d'accès au sport de haut niveau.

Le sport de haut niveau, un secteur à la recherche d'excellence

Un métier d'expert dans une discipline

Avec plus de 350 disciplines, collectives ou individuelles, s'exerçant dans des contextes très différents avec des règles particulières et des tâches bien spécifiques à accomplir, l'univers du sport de haut niveau se révèle d'une extrême richesse. Il suffit de comparer la pratique du sport automobile, de l'escrime, du handisport et du football pour se rendre compte de la variété des expertises mobilisées ! D'où l'éclosion de multiples talents qui révèlent les mécanismes du développement de la performance et de l'accomplissement de soi, bien au-delà des terrains de sport.

Les différents types de compétitions sportives

• Match : football, rugby, tennis, basket-ball, handball, volley-ball, pétanque...

• Course : formule 1, cyclisme, VTT, athlétisme, voile, natation, golf...

• Concours : patinage artistique, équitation, gymnastique...

• Combat : boxe, judo, escrime...

➲ « À moi de jouer », p. 17

Le facteur humain est déterminant

Quelle que soit la discipline pratiquée, la compétence *intuitu perso-nae* des sportifs engagés dans des compétitions de haut niveau est la clé de leur réussite. L'organisation et l'outil technique ne déter-minent pas leur performance, sauf dans certains sports mécaniques et la voile dont les modes opératoires rappellent, à certains égards, les approches industrielles. C'est pourquoi certains sports peuvent être considérés comme des formes d'expression artisanale, voire artistique.

➲ « À moi de jouer », p. 17

Le travail, une valeur-clé

Dans le sport de haut niveau, comme dans tous les domaines qui visent l'excellence, le développement du don de départ compte pour beaucoup. Cependant, les sportifs déterminés à aller au maximum de leurs possibilités, à exprimer le meilleur d'eux-mêmes, savent bien que travail et investissement personnel sont des passages obligés. C'est pourquoi ils partagent la même passion de l'effort qui conditionne leur performance, résultat d'un lent travail de maturation et d'assimilation des mécanismes qui se jouent. Il n'y a pas de résul-tat élevé sans efforts soutenus ni entraînement suivi. La performance sportive, c'est 95 % de temps passé en préparation et en récupéra-tion pour seulement 5 % d'exécution, même si la charge de travail est aussi lourde mentalement et physiquement dans les deux phases.

Principe-clé

L'entraînement « le 95/5 »

Entraînement (préparation et récupération) = 95 % du temps passé

Production = 5 % du temps passé

➲ « À moi de jouer », p. 18

Des qualités mentales fortes

Confiance en soi, motivation et constance sont des vertus détermi-
nantes pour développer l'intelligence de son sport et le maîtriser.
Il faut s'accrocher, ne jamais relâcher la pression, ce qui exige discipline personnelle rigoureuse et centrage sur son métier. Un rugbyman, par exemple, ne va pas en cours de carrière se transformer
en basketteur ou en footballeur. Une constance qui vaut également
pour les coachs et les dirigeants de club.

Une concurrence à l'échelle internationale

Dans le monde des entreprises, la « guerre » économique entre les
« meilleurs » se joue à l'échelle internationale, et sous l'œil des
médias du monde entier. Dans le sport, le niveau international est la
référence de fait. La multiplication des nations qui souhaitent entrer
dans la compétition de haut niveau est aussi une tendance lourde.

➲ « À moi de jouer », p. 18

Des performances hautement incertaines

Dans ce contexte internationalisé hautement concurrentiel, l'excellence n'est jamais garantie, quels que soient sa préparation et
son niveau. Comme dans l'entreprise, l'incertitude des résultats est
même très grande. Le témoignage qui suit est, à cet égard, éloquent :
*« Je me prépare pour être champion olympique. Mais il est possible
que je sois seulement 5ᵉ ou 10ᵉ. Avec le sport, on peut dire ce qu'on
veut avant ; mais les réponses on ne les a qu'après »* affirme Mehdi
Baala (athlétisme) en août 2004.

➲ « À moi de jouer », p. 19

De très hautes vitesses

Dans le sport de haut niveau, tout va très vite, tout bouge en permanence. Il n'y a pas de temps mort. Chaque saison sportive est

un nouveau printemps qui entraîne son cortège de changements et de remises en cause personnelles, ce qui lui confère d'ailleurs un caractère passionnant. Le sport de haut niveau peut être comparé au secteur des nouvelles technologies, où l'innovation est permanente. Les changements à répétition qui le caractérisent sont là encore une source d'inspiration pour les managers. Les temps sont raccourcis au maximum, les cycles de décisions aussi.

➲ « À moi de jouer », p. 19

La préparation de l'élite est présente partout

La préparation des hauts potentiels sportifs rappelle celle des professionnels d'entreprise, qu'il s'agisse des dirigeants, des ingénieurs hautement qualifiés, des techniciens supérieurs ou des ouvriers spécialisés. La sélection des sportifs de haut niveau participe de l'élitisme. On peut même parler de « super élite » pour les sportifs atteignant le niveau mondial ou olympique. Comme dans l'entreprise, constituer des équipes de haut vol est un art difficile. Le recrutement des sportifs qui portent l'étendard est donc tout aussi stratégique que la constitution d'un comité de direction ! Les pénuries de talents ne sont donc pas rares dans les carrières de haut niveau.

➲ « À moi de jouer », p.20

Des entraîneurs qui s'occupent vraiment de leur équipe

Dans le contexte de répétitions et d'entraînements pour arriver au plus haut niveau, les managers de proximité, véritables coachs, sont les formateurs, les éducateurs et les entraîneurs. Tout sportif de haut niveau qui se respecte sait qu'il a besoin d'être entouré pour accompagner l'immense effort qui doit le conduire à la performance de haut niveau. C'est un enseignement qui s'applique aussi à tout cadre qui souhaite progresser.

Les coachs ne consacrent d'ailleurs pas moins de 70 % de leur temps à leurs équipes. Une proximité que l'on ne retrouve pas dans le monde de l'entreprise, où les managers s'occupent de leurs équipes à temps « très partiel », 20 % seulement de leur temps est consacré aux échanges avec elles. Les coachs qui entraînent des sportifs de haut niveau sont eux-mêmes très entourés par un staff qui veille au développement de leurs compétences.

➲ « À moi de jouer », p. 20

Principe-clé

La forte proximité des coachs

Le coach passe 70 % de son temps avec son équipe

Sport de haut niveau = 70 % du temps pour les équipes

Entreprise = 20 % du temps pour les équipes

Un jeu médiatique déterminant

Il faut garder en mémoire que la gestion des médias est une partie intégrante du sport, en particulier de haut niveau. Entraîneurs et sportifs doivent composer avec le jeu médiatique. Les sportifs de très haut niveau sont de véritables stars, aux premières loges dans le concert médiatique. Et leur valeur financière est directement liée à leur exposition médiatique et ne dépend pas seulement de leur valeur intrinsèque ! Les journalistes s'intéressent d'ailleurs très souvent seulement à quelques acteurs très précis : les « numéros 1 » qui drainent la plupart du temps toute la puissance médiatique de leur discipline respective.

➲ « À moi de jouer », p. 21

Principe-clé

L'exposition télévisuelle est centrale dans le haut niveau.

Un athlète produit une valeur financière, si, et seulement si, il passe à la télévision et dans les médias.

« Valeur = exposition médias »

Et non pas seulement

« valeur = niveau de l'athlète »

Les sportifs de haut niveau doivent se plier de bonne grâce aux attentes des médias, même si ce n'est pas toujours facile à vivre. Le témoignage de Thierry Lincou, numéro 1 mondial du squash en 2004, dans *L'Équipe Magazine* est, à cet égard, édifiant : *« Tous les journalistes récupèrent ton numéro ! J'étais content de pouvoir enfin parler de moi, mais, pour Amélie Mauresmo, fraîchement numéro 1 mondiale de tennis, ça peut friser la sursollicitation. »*

Cette médiatisation à outrance du sport de haut niveau ne date pas d'aujourd'hui. Elle est inscrite dans une longue histoire. Depuis ses origines, au cœur de la Grèce antique, le sport de haut niveau est empreint d'une symbolique forte faite de dépassement personnel qui assure la renommée aux heureux élus. Ils se contentaient d'une couronne d'olivier, mais à eux l'essentiel de la gloire ! Le vainqueur des Jeux olympiques, *« toute sa vie devait savourer le miel et la félicité »*, écrivait le poète Pindare dans ses « Odes olympiques ». Comme d'autres artistes connus de l'époque, il célébrait, à sa façon, les jeux.

Comme le rappelle souvent Pierre Dantin, professeur en science du sport à Marseille, *« la place actuelle du sportif de très haut niveau est d'être l'attribut symbolique de la nation en temps de paix »*. C'est pourquoi ce jeu médiatique est difficile à gérer pour eux.

➲ « À moi de jouer », p. 21

Le coût élevé de l'excellence

Si l'excellence fait rêver, elle n'est toutefois pas de tout repos. Travail soutenu et discipline rigoureuse sans garantie de succès face à une concurrence à l'échelle internationale assortie d'une forte pression médiatique font du sport de haut niveau un métier digne d'éloges, mais terriblement exigeant, voire usant pour le corps et le mental. Ces contradictions que l'on retrouve dans le monde de l'entreprise, en particulier chez ceux qui visent le sommet, est donc riche d'enseignements pour les managers qui veulent s'aguerrir. Le témoignage du joueur de tennis Pete Sampras est à cet égard édifiant : *« Je me suis consumé à vouloir à tout prix conserver mon rang au classement ATP. Mentalement, je ne reviendrai jamais à ce niveau. C'est trop de stress. Il faut manger, dormir et respirer en pensant au tennis. C'est la chose la plus difficile que j'ai accomplie, et toutes les émotions qu'on met là-dedans ont un prix. D'une certaine manière, oui, rester numéro 1 pendant six ans m'a épuisé. »*

➲ « À moi de jouer », p. 21

Des carrières courtes

Car, un sportif, aussi chevronné soit-il, peut rarement rester longtemps sur le podium. Les carrières sont très courtes. Le cycle d'une carrière professionnelle sportive s'étale sur dix ou quinze ans au plus. Quand trente ou quarante ans sont nécessaires à l'épanouissement d'un individu dans un secteur d'activité classique ! Dans le sport de haut niveau, on vit à un rythme plus soutenu. Les experts s'accordent à dire que la rigueur acquise dans une activité sportive de haut niveau pendant une année équivaut à quatre ans dans un autre registre professionnel.

> ## Principe-clé
>
> ## « 1= 4 »
>
> Quatre fois plus court
>
> 1 an de pratique dans le sport de haut niveau = 4 ans dans un secteur classique

Une très grande structuration des pratiques

On retrouve dans le monde du sport le même clivage qu'en entreprise. Chacun se positionne dans des strates de performances réelles... ou fantasmées. Mais tout le monde ne peut prétendre accéder à la première marche du podium. Un exercice de lucidité sur soi, mais aussi sur ce que l'on veut et les efforts que l'on est prêt à accomplir est indispensable. Sans compter que tout le monde n'a pas envie de faire le parcours du combattant requis par la performance de haut niveau. Certains sportifs pratiquent une discipline pour le loisir, le plaisir, le confort, le bien-être, ou encore la meilleure santé. De même que certains professionnels préfèrent mener des carrières d'entreprise moins prestigieuses, mais aussi moins exigeantes. Il n'empêche que chacun peut progresser, en s'inspirant de la réussite des meilleurs.

Figure 1 – Structuration du sport en lien avec la vision médiatique

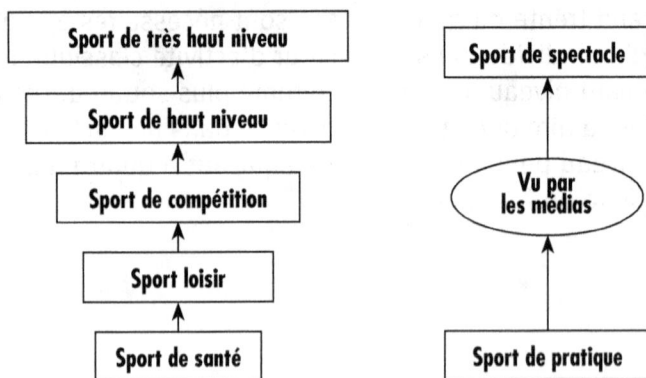

➲ « À moi de jouer », p.22

Le plaisir comme moteur

Quel que soit le niveau de performance visé et à tout moment, l'important est de ne pas oublier le plaisir de pratiquer ou de se dépasser, sinon le stress négatif vient détruire l'essence même de l'effort. Le plaisir est aussi un facteur de succès. La performance pour la performance n'est pas « rémunératrice » de la même manière pour un sportif ou un manager !

➲ « À moi de jouer », p. 22

Une vitrine de l'excellence pour tous

Restée gravée dans la mémoire collective, la célèbre phrase d'Aimé Jacquet, entraîneur de l'équipe de France de football, prononcée en 1998, résume parfaitement la vocation du sport de compétition : « *Donner du bonheur aux gens.* » Certains journalistes sportifs de la télévision et de la presse écrite, auxquels nous ne cessons de rendre hommage ont su développer des angles de vue, des techniques et des approches qui réinventent le spectacle sur les inlassables thèmes que sont : le combat socialisé pour être le meilleur et emporter la victoire, l'esprit d'équipe, la passion, la rage de vaincre des « dieux du stade ».

Le sport de haut niveau n'est pas qu'un spectacle divertissant, il comporte aussi une dimension intellectuelle, et les rouages de la performance sportive ont valeur d'exemple. Les sportifs de très haut niveau structurent l'imaginaire des spectateurs dans une religion de l'effort et du dépassement de soi. Ludique, le sport n'en est pas moins une source de réflexion et de connaissances pour « l'apprenant médiatique » désireux de tirer des enseignements des compétitions vues en direct ou des reportages, interviews et analyses des journalistes sportifs. C'est valable pour la vie personnelle comme professionnelle. Comprendre, par exemple, ce qui a fait réussir ou échouer un athlète, c'est recevoir une leçon d'intelligence et pouvoir en tirer des pistes de progression personnelle.

➲ « À moi de jouer », p. 23

Des analogies nombreuses avec l'entreprise

Le décryptage de l'activité sportive de haut niveau offre des grilles de lecture, des idées et des concepts très utiles aux managers pour comprendre les rouages de la performance individuelle et collective et mettre en pratique de précieux enseignements. **Car les analogies entre l'univers du sport et l'entreprise sont fortes, qu'il s'agisse des hommes ou de l'organisation.** C'est ce que nous allons montrer tout au long de cet ouvrage. L'exemplarité des sportifs de haut niveau et de leur univers fait ainsi école dans l'entreprise. Nombre de dirigeants se plaisent d'ailleurs à les fréquenter pour enrichir leurs pratiques managériales. Certains font également intervenir sportifs et entraîneurs dans leurs manifestations internes lors de conventions ou séminaires. Tentons d'aller un peu plus loin ensemble...

À moi de jouer

Un métier d'expert dans une discipline

Même si je suis champion du monde d'escalade, je ferais un très mauvais rugbyman. Je respecte l'intelligence de chacun dans son domaine. L'important est de ne pas me tromper moi-même de discipline. Elle doit correspondre à une activité où je puisse m'exprimer pleinement. Si, par exemple, je suis vraiment petit, j'évite le volley et le basket. De la même manière, à chacun sa voie de réalisation dans l'entreprise. Pour y exceller, je dois renforcer mon expertise.

Mes réflexions sur l'expertise, mes envies profondes

....
....
....

Mes décisions et/ou actions

....
....
....

Le facteur humain est déterminant

Il existe une intelligence pour atteindre un objectif, même pour un simple lancer de balle. Quelle que soit la tâche, elle peut être portée à son plus haut niveau. Je suis responsable de tous mes gestes et de mes comportements professionnels. Même un bonjour peut être de haut niveau.

Mes réflexions sur les gestes simples de haut niveau

....
....
....

Mes décisions et/ou actions

....
....
....

Le travail, une valeur-clé

L'entraînement précède toujours le travail de compétition. Je fais la différence entre ces deux phases, même si mon investissement doit être total dans les deux cas. Suis-je prêt à accepter les sacrifices et la mobilisation nécessaires pour accéder au plus haut niveau ? Suis-je prêt à accepter d'apprendre entre l'action et les moments qui la précèdent et la suivent ? Suis-je prêt à accepter de me dépasser en gardant en mémoire que, même si je travaille sans relâche, je ne pourrai peut-être pas dépasser certains résultats. C'est la loi du sport.

Mes réflexions sur le travail

....

....

....

Mes décisions et/ou actions

....

....

....

Une concurrence à l'échelle internationale

Je sais que tout s'internationalise. La Terre est devenue un village mondial dont je suis un acteur. Rien n'est plus comme au temps de mes parents ou grands-parents. J'aborde la vie avec un œil neuf et une vue mondiale. Je me dois de porter un regard sur cet état de fait.

Mes réflexions sur l'internationalisation imposée et la mondialisation

....

....

....

Mes décisions et/ou actions

....
....
....

Des performances hautement incertaines

J'accepte un cadre incertain. L'excellence – que j'atteins parfois –, comme celle des autres, est fragile. Je risque peut-être de me retrouver « sur la touche » ou alors 10e alors que je vise la première place. C'est la règle du jeu. Je l'assume. Ce type de difficulté me passionne...

Mes réflexions sur l'incertitude des résultats

....
....
....

Mes décisions et/ou actions

....
....
....

De très hautes vitesses

Je suis obligé de suivre un rythme soutenu de travail et de me tenir au courant des innovations technologiques qui touchent toute la société. Je tente d'anticiper en permanence. La vitesse de mes décisions et de mes actions est permanente. Je vais et je dois aller de plus en plus vite. Parfois, je monte en puissance, mais je sais aussi calmer le jeu. Je trouve le bon équilibre et la cadence adaptée.

Mes réflexions sur mon rythme

....
....
....

Mes décisions et/ou actions

....
....
....

La préparation de l'élite est présente partout

Je sais que, dans le sport de haut niveau, les savoir-faire sont stratégiques. La mise en situation (la pression de la compétition) et la formation (l'entraînement) permettent ma totale expression. Ainsi, je m'engage totalement dans l'action, en prenant du recul.

Mes réflexions sur la notion d'élite voire l'élitisme

....
....
....

Mes décisions et/ou actions

....
....
....

Des entraîneurs qui s'occupent vraiment de leur équipe

Je sais que mon entourage proche va influencer la valeur et la qualité de mon travail. Donc je suis attentif à mes coéquipiers de vie, à mon (mes) entraîneur(s), à l'environnement proche et pourquoi pas aux médias, si je suis dans une activité fortement exposée... Je peux décider de changer d'environnement pour être plus proche des personnes qui vont me faire progresser.

Mes réflexions sur mon environnement et ceux qui constituent mon entourage

....
....
....

Mes décisions et/ou actions

....

....

....

Un jeu médiatique déterminant

Je sais bien que, dans nos sociétés, les numéros 1 récupèrent souvent les efforts effectués par des milliers de personnes dans la discipline. Tout se focalise sur eux. C'est une chance d'avoir pu évoluer avec un maximum de visibilité dans sa carrière. Si, un jour, c'est mon cas, j'en serais toujours reconnaissant. Que dois-je attendre de la célébrité ?

Mes réflexions sur la starisation

....

....

....

Mes décisions et/ou actions

....

....

....

Le coût élevé de l'excellence

Je connais le prix physique et psychologique nécessaire à l'obtention et surtout à la conservation de la première place mondiale. L'exercice n'est pas de tout repos. En même temps, je sais qu'on progresse par étapes et en se préparant.

Mes réflexions sur le coût personnel que représentent mes hautes ambitions

....

....

....

Mes décisions et/ou actions

....

....

....

Une très grande structuration des pratiques

Je sais que je ne suis pas forcément capable d'atteindre le plus haut niveau d'expression dans mes activités ou dans mes relations. C'est l'apanage de ceux qui ont un potentiel mondial ou olympique. En revanche, je peux toujours progresser sur ma trajectoire en m'inspirant des meilleurs dans mon domaine. Certes, ce domaine n'est pas forcément celui qui me permettrait d'aller le plus loin possible. Si j'en changeais pour me porter plus haut ? À moi de voir ! Mais, après tout, si je m'en moquais et préférais me contenter de ma situation ?

Mes réflexions sur l'élitisme et la rigueur nécessaire pour aller jusqu'au sommet

....

....

....

Mes décisions et/ou actions

....

....

....

Le plaisir comme moteur

Je sais que je fais un métier qui me sollicite beaucoup physiquement et mentalement. Je vois souvent des personnes qui oublient de prendre du plaisir. Dans le sport, c'est essentiel...

Mes réflexions sur le plaisir dans le travail

....

....

....

Mes décisions et/ou actions

....
....
....

Une vitrine de l'excellence pour tous

J'apprends en lisant de façon attentive la presse sportive. Je croise les regards, perceptions et suggestions de coachs et d'athlètes que je ne connais pas. Je souligne les phrases qui font « tilt ». Ce sont des connaissances nouvelles qui complètent mon apprentissage professionnel.

Mes réflexions sur mon mode d'apprentissage

....
....
....

Mes décisions et/ou actions

....
....
....

Première partie

Les sept intelligences sportives de l'athlète de haut niveau

Figure 2 – Notre représentation des sept intelligences sportives

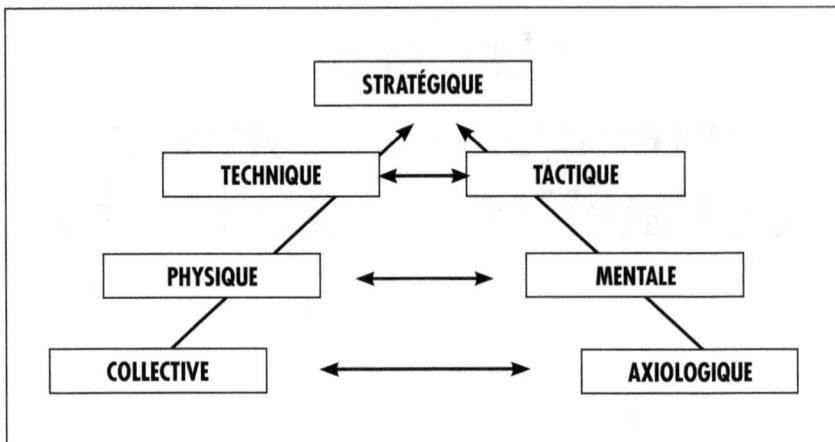

Intelligence = performance

« Pour moi, les grands champions sont intelligents. Ils savent s'adap-ter à tout événement, ont une capacité à savoir faire le beau geste, sont techniquement doués et manifestent toujours une forte déter-mination », affirme Fabien Canu (judo). Ce témoignage est édifiant. Il n'y a pas de performance sportive sans intelligence. C'est cette thèse avec ses applications pratiques pour les managers de haut niveau que nous développons dans cette partie de notre étude, fon-dée sur des interviews d'athlètes de haut niveau, notre expérience et nos observations, le tout mis en perspective grâce au modèle scientifique issu des travaux d'Anthony Giddens[2], inventeur de la théorie de la structuration.

Nous avons pu identifier sept intelligences distinctes qui concourent à la performance d'un sportif de haut niveau. Et n'oublions pas l'éty-mologie du mot « intelligence » (de *interlegere* : discerner, ramasser, faire le lien).

---

2 Anthony Giddens, *La Constitution de la société*, PUF, 1987

1. L'intelligence stratégique est l'art de se fixer des objectifs pertinents et des plans d'action pour la compétition, en ayant parfaitement assimilé les règles de son sport et les enjeux de la partie, ainsi que les forces et les faiblesses en présence.

2. L'intelligence technique d'un athlète s'exprime dans la précision, la coordination et la vitesse d'exécution des gestes spécifiques à sa discipline. Pour progresser, ce dernier recherche les occasions de se dépasser et développe la technicité de son métier par l'entraînement et l'acquisition de nouvelles techniques.

3. L'intelligence tactique est la capacité d'un athlète à prendre les bonnes décisions pour s'adapter de façon pertinente et rapide à un contexte sportif intense, incertain et aléatoire. Par exemple, l'intelligence stratégique se traduit, avant la partie, par un choix de positionnement de l'athlète sur le terrain. Ce positionnement s'adapte avec souplesse à travers l'intelligence tactique.

4. L'intelligence physique est une des premières formes de l'intelligence sportive. En effet, les qualités athlétiques constituent la « capacité de production de l'action » élémentaire du sportif. Motricité, agilité, vitesse, puissance, réactivité sont l'expression de l'intelligence physique.

5. L'intelligence mentale d'un sportif est la capacité à trouver en lui les ressources pour réaliser des prestations de haut niveau. Elle se présente comme un cocktail de hautes qualités : combativité, motivation, confiance en soi, plaisir... et sérénité.

6. L'intelligence collective est un comportement affectif et positif qui consiste à aimer son équipe et à se mettre à son service avec enthousiasme, au-delà de ses intérêts personnels. C'est aussi une capacité à s'entourer et à savoir tirer parti des ressources de l'environnement : l'équipe, l'entraîneur, le club, l'entourage personnel. C'est, enfin, gérer, toujours positivement, les attentes du public et la pression des médias.

7. L'intelligence des valeurs, dite « intelligence axiologique » (du grec *axia,* « valeur », « qualité ») est un sens de la « gagne », une capacité à s'engager totalement, à rebondir sur les échecs, dans une volonté de dépassement personnel et de réussite matérielle. Ces valeurs constituent le socle culturel de la performance.

À chacun son style

Notre objectif dans cette étude n'est pas de dire que les athlètes de très haut niveau ont toutes les formes d'intelligence. Il n'y a d'ailleurs pas deux champions du monde identiques dans leur discipline ! On peut réussir de différentes façons : faire 1,65 m ou 1,90 m et avoir le même niveau. Chaque sportif a des points forts, c'est-à-dire certaines formes d'intelligence plus ou moins développées. *« Si je prends le travail, je choisirais Lendl ; si je prends le talent, Sampras, la confiance en soi, Hewitt. Chacun a sa force à lui »*, déclare Jean-Claude Massias (tennis). Il est vrai, par contre, qu'une majorité de ces formes d'intelligence se retrouvent, à des degrés divers, chez chaque sportif de haut niveau.

Du sportif de haut niveau au manager à haut potentiel

Ces sept formes d'intelligence éclairent les intelligences quotidiennes des managers dans leur activité professionnelle. Dans chaque chapitre de cette première partie, nous les détaillons et en tirons des analogies et des enseignements utiles aux professionnels. Chacun est agrémenté de repères, de conseils et de petits exercices ludiques qui favorisent l'assimilation des savoirs et des pratiques sportives que nous avons identifiés. Nous voulons ainsi sensibiliser les managers à l'étendue des possibilités qui s'offrent à eux en termes de développement professionnel.

Notre étude offre, à chacun, des cadres de réflexion, de compréhension et d'amélioration au service de l'efficacité personnelle dans l'action quotidienne. En effet, l'intelligence sportive est une forme de sagesse humaine qui s'est développée dans l'environnement sportif de haut niveau pour permettre à un athlète de progresser, de dépasser des seuils de performance et de surmonter ses résistances internes.

L'intelligence globale

Faire une apologie du développement de chaque intelligence en soi, en négligeant l'ensemble qu'elles constituent, serait toutefois s'enfermer dans une analyse fragmentaire qui nous éloignerait de l'intelligence même que nous tentons de capter dans le monde sportif.

Loin des clichés, la réussite sportive n'est en effet pas qu'une affaire de potentiel physique. Le physique est une forme d'intelligence, nécessaire, mais non suffisante. *« Nous sommes dans un sport où les qualités physiques sont importantes, mais pas premières... Notre sport fait appel à un ensemble de qualités autres que physiques : techniques, tactiques, mentales »,* fait valoir Jean-Claude Massias (tennis).

Ce qui est vrai au tennis l'est évidemment dans toutes les autres disciplines sportives.

En effet, la performance est toujours le résultat de l'interaction constante entre les différentes intelligences qui constituent, *in fine,* la qualité d'un athlète. C'est ce qui fait dire aux entraîneurs sportifs que le « tout » est supérieur à l'analyse des parties ! En effet, les sept intelligences que nous allons analyser agissent l'une sur l'autre pour former un tout. Par exemple, comment un athlète pourrait-il mettre en place une stratégie sportive efficace s'il ne maîtrisait pas bien les techniques nécessaires à sa réalisation ? De même, les choix tactiques d'un athlète ne sont pas isolés de sa capacité à maîtriser son stress, donc de son intelligence mentale... Un sportif de très haut niveau peut même être faiblement pourvu de telle ou telle forme d'intelligence et pourtant être le meilleur de sa génération, parce que ses autres qualités compensent cette déficience.

Cette interaction systémique des formes d'intelligence dans le sport de haut niveau se retrouve bien évidemment sur le terrain professionnel, comme nous aurons l'occasion de le développer à la fin de cette première partie, pour en tirer de nouveaux enseignements. Bon voyage au pays de l'intelligence sportive !

Chapitre 1

L'intelligence stratégique, l'art de la compétition

« Agir en primitif et prévoir en stratège. »
René Char

Figure 3 – Les rouages de l'intelligence stratégique

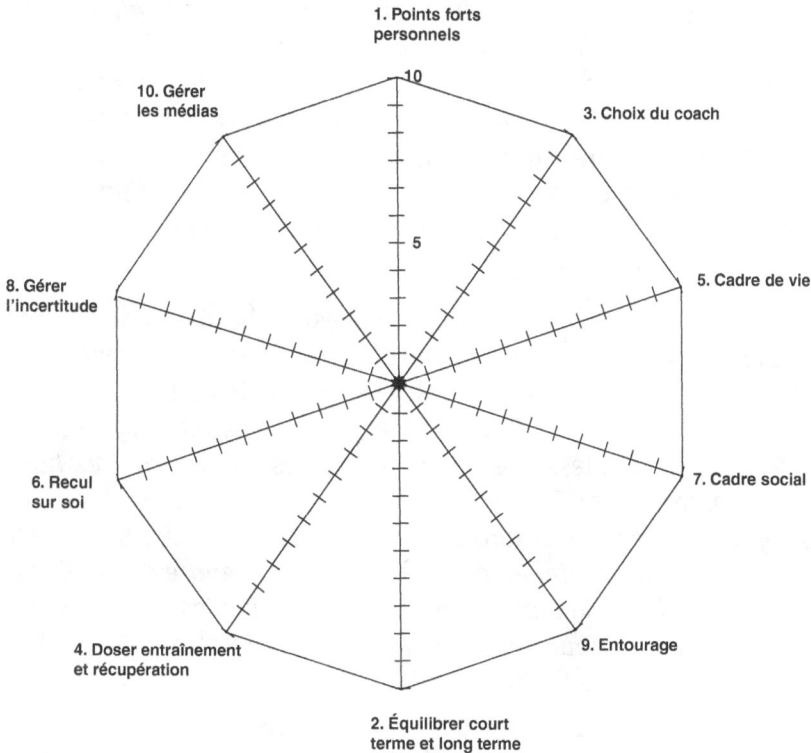

1. Points forts personnels
10. Gérer les médias
3. Choix du coach
8. Gérer l'incertitude
5. Cadre de vie
6. Recul sur soi
7. Cadre social
4. Doser entraînement et récupération
9. Entourage
2. Équilibrer court terme et long terme

L'intelligence stratégique d'un sportif de haut niveau est décisive dans sa réussite, montrant bien que cette dernière n'est pas que la traduction d'une puissance physique et mentale, mais aussi d'une réelle capacité de réflexion ! Elle s'applique au terrain, pour la compétition immédiate, sous forme d'une capacité d'analyse des enjeux de la partie qui va se jouer et de diagnostic des forces et des faiblesses en présence. Mais elle s'exprime aussi hors terrain dans la préparation de l'athlète à la performance, avec les indispensables temps de récupération de l'effort physique. Elle se déploie, enfin, sur le long terme, avec une logique de gestion de carrière.

Gérer sa carrière est véritablement un art qui consiste à valoriser ses points forts personnels, à auditer sa « production », à intégrer l'incertitude des performances, à prévoir des programmes d'entraînement et de repos judicieux, à équilibrer court terme et long terme, jusqu'à préparer très tôt son après-carrière. Pour relever autant de défis, l'environnement humain et structurel d'un athlète est déterminant. Savoir s'entourer sur un plan professionnel et personnel pour faire des choix judicieux est indispensable. La réussite d'un sportif de haut niveau est alors, en quelque sorte, celle d'une équipe hors match !

L'intelligence stratégique d'un athlète, c'est d'abord l'art de se fixer des objectifs pertinents et des plans d'action pour la prochaine compétition, en ayant parfaitement assimilé les règles de son sport et les enjeux de la partie qui va se jouer, tout en ayant diagnostiqué les forces et les faiblesses en présence. *« Les sportifs de très haut niveau comprennent très vite les enjeux et comment on peut réussir. Ils savent aussi relativiser sans se prendre la tête pour des broutilles. Ils ont cette forme d'intelligence qui consiste à prendre du recul et à aller à l'essentiel de la performance. Il suffit de lire les interviews de grands champions pour tout de suite s'en rendre compte»*, résume très bien Fabien Canu (judo).

--- **Principe-clé** ---

Une gestion stratégique permet d'aller à l'essentiel.

L'intelligence stratégique d'un sportif n'est pas simplement une intelligence de jeu, c'est aussi une capacité à gérer la performance hors terrain ou hors match et dans la durée, en d'autres termes à gérer sa performance et sa carrière sur le long terme. Jean-Claude Massias (tennis) le relate très bien : *« D'accord, les fautes de tennis peuvent faire perdre un match à un joueur, mais s'il ne réussit pas pleinement sa carrière, ce n'est pas en raison de ces fautes, mais parce qu'il ne sait pas s'entraîner et s'entourer, qu'il n'est pas assez motivé, qu'il a pris de mauvaises décisions. Celui qui fait des choix pertinents progresse plus vite que d'autres, peut-être plus talentueux, mais qui ont pris de mauvaises orientations. Pour moi, un sportif de très très haut niveau a tout intérêt à avoir une intelligence sportive. »*

Les points forts personnels

Les sportifs de haut niveau ont une façon bien à eux de penser stratégie, en mobilisant deux notions simples, *a priori* opposées : les points forts et les points faibles. Leur intelligence stratégique va alors s'exprimer dans la conscience et la gestion de ces deux paramètres, appliquée à eux-mêmes, à leur équipe, leurs adversaires.

Dans sa pratique, un sportif a naturellement des points forts et des points faibles. S'il veut réussir, il devra avant tout travailler ses points forts, sans être obnubilé par ses défauts ou faiblesses. Comme l'explique très bien Jean-Paul Loth (tennis) : *« C'est le point fort qui amène au plus haut niveau. »* Ce fil rouge de la réussite a dicté toute son approche lorsqu'il s'occupait de l'équipe de France : *« Je ne me suis jamais beaucoup attardé sur les points faibles des joueurs. Jamais ! En revanche, je suis très exigeant sur les points forts, très forts. J'ai rencontré pendant longtemps pas mal de déboires à vouloir travailler les points faibles. J'ai abandonné cette stratégie depuis belle lurette. Quand des sportifs ont des points forts, il faut leur faire comprendre puis les exploiter, comme un citron que l'on presse. Tout en les travaillant, on peut un peu plus se focaliser sur le ou les points faibles, sans oublier toutefois qu'ils ne sont pas un handicap en eux-mêmes ne permettant pas d'aller plus loin. »*

Principe-clé

Savoir investir sur ses points forts.

Comme un sportif de haut niveau, un professionnel doit investir dans sa carrière sur ses points forts et y consacrer 80 % de son énergie. Par contre, il doit seulement chercher à optimiser ses points faibles en n'y accordant pas plus de 20 % de son énergie. C'est exactement ce que pense ce DRH d'un grand groupe : « Par exemple, un cadre qui a une qualité de rapidité doit être encouragé dans cette direction. Dans nos sessions d'évolution professionnelle, on l'amène à piloter ce point de confort. »

② Équilibrer court terme et long terme

Envisager très tôt une stratégie professionnelle d'après-carrière conditionne aussi la performance sportive ! En effet, les carrières sportives sont souvent courtes. Un sportif qui a anticipé ou, mieux, préparé sa reconversion saura mieux optimiser son investissement physique en évitant le *burn out* et les risques de blessures. La prise de recul et l'absence d'angoisse sur l'avenir influencent aussi son mental pendant les compétitions. *« Florian Rousseau est un exemple pour nous. Il a déjà une formation de prof de sport pour l'après-vélo. Il ne se fait pas de souci pour l'avenir. Pas de doute, il est serein et c'est équilibrant »*, juge Patrick Cluzaud (cyclisme).

Figure 4 – Les niveaux stratégiques et les objectifs

Niveau stratégique en sport	Niveau stratégique en entreprise
Post-carrière sportive	Post-carrière professionnelle (retraite)
Carrière sportive	Carrière professionnelle
Partie de carrière sportive	Partie de carrière
Saison	Année
Une période de saison	Semestre/trimestre
Période « enchaînement d'épreuve »	Programme d'action opérationnelle
Compétition particulière	Action avec enjeu
Épreuve/match/Jour « J »	Réunion/présentation/conclusion

Stratégie

Anticiper l'avenir est toutefois ardu pour nombre d'athlètes. Difficile, en effet, de se projeter tant le sport de haut niveau produit de puissantes simulations immédiates et répond à une quête d'épanouissement. Et préparer demain impose à un sportif d'entreprendre une formation en parallèle de la compétition de haut niveau, d'où une forte mobilisation physique et mentale au-delà de l'effort sportif. *« Il faut éviter les ruptures scolaires et le travail n'est pas facilitant pour l'entraînement de haut niveau »*, reconnaît Philippe Omnès (escrime).

À moi de jouer

Je suis le stratège de mon après-carrière, de ma retraite ! Quelle personne ai-je envie d'être après ? En menant cet exercice d'anticipation, une partie de ce qui est important pour moi aujourd'hui émerge. Le sens de mon travail quotidien est éclairé. Je peux peut-être aussi déjà commencer à me former pour avoir une retraite active et épanouissante. Indirectement, cela peut me donner l'occasion de changer de job. Au final, je peux mieux tracer le profil de ma carrière professionnelle d'aujourd'hui et de demain.

Mes réflexions sur mes stratégies

....

....

....

Mes décisions et/ou actions

....

....

....

③ Le choix du coach

Le témoignage de Jean-Pierre de Vincenzi le dit très bien. Un sportif ne réussit jamais seul. Sa progression, à partir de ses points forts, dépend largement de son entourage tant le facteur humain et psychologique conditionne l'atteinte de la performance. Un athlète qui raisonne stratégique sait donc, au premier chef, recruter avec soin un coach-entraîneur et travailler en toute intelligence et proximité avec lui. Ce dernier représente une ressource vitale pour sa réussite. En véritable berger, il fait émerger le projet personnel du sportif, le guide, l'oriente et l'aide à faire les bons choix dans les moments de doute. En d'autres termes, il pilote la carrière.

―――――――――――― Principe-clé ――――――――――――

Savoir choisir un coach susceptible de vous amener au plus haut niveau.

Comme un sportif de haut niveau, un manager, aussi talentueux soit-il, a souvent besoin d'un éclairage extérieur pour l'aider à prendre conscience de ses forces et les mettre en action. Le coach joue ce rôle.

Doser entraînement et récupération

Comme un sportif de haut niveau, un manager doit savoir s'entraîner avant l'épreuve, mais aussi récupérer. Il doit d'ailleurs être aussi bon en récupération qu'en entraînement. Cela fait partie de son métier. En d'autres termes, vivre toujours à 100 à l'heure n'est pas un gage de réussite, même et surtout quand on est excellent !

Un cadre de vie structurant

Plus les cadences auxquelles est soumis un sportif de haut niveau augmentent, plus il doit s'astreindre à mener une vie aussi équilibrée possible, ce qui exige une hygiène personnelle forte et un cadre de vie structurant pour le soutenir. *« Malgré les excès de sa pratique, il doit conserver une vie la plus équilibrée possible »,* insiste Yannick Le Saux (aviron). Le facteur qui conditionne la performance se déplace alors véritablement du terrain au hors-terrain !

─────────────── Principe-clé ───────────────

Une bonne gestion du hors-terrain est un facteur de performance à long terme.

Prendre du recul sur soi

Penser stratégique pour un sportif, c'est aussi une capacité à faire l'autocritique de sa « production » en toute indépendance : analyser les conditions et les raisons de ses victoires comme ses échecs, en dehors du discours du coach et de l'entourage, comme de la performance des autres.

⑦ Un cadre social structurant

Au-delà du soutien de son entraîneur, un sportif de haut niveau a intérêt à intégrer une structure de haut niveau pour développer ses compétences, bénéficier d'un cadre social et d'un réseau important, trouver un soutien pour gérer ses affaires courantes : logistiques, administratives, relations presse... C'est le meilleur moyen pour lui de préserver sa concentration sur ses seuls objectifs sportifs.

⑧ Gérer l'incertitude

Une carrière sportive se construit véritablement sur la durée, toujours faite de hauts de bas. En outre, l'émergence de qualités sportives précoces n'est pas un gage de réussite sur la durée. Briller trop tôt, c'est parfois s'illusionner !

L'intelligence stratégique consiste à anticiper ces facteurs d'incertitude et à les gérer au mieux, avec l'aide de ses entraîneurs et de ses proches. Un athlète doit d'ailleurs intérioriser très jeune cette incertitude et être patient. Un potentiel se détermine à un âge spécifique selon la discipline concernée. *« Dans l'athlétisme, il faut douze ans à un sportif, après sa première licence, pour atteindre des performances de haut niveau »*, souligne Robert Poirier (athlétisme).

> Pour un manager, anticiper les aléas de carrière et savoir s'y préparer est une force dans le contexte socio-économique actuel.

⑨ Le rôle de l'entourage

La solidité de l'environnement familial et personnel est toujours interpellée. Bénéficier d'une vie de famille équilibrée est un véritable atout.

À moi de jouer

Mon entourage proche est-il susceptible de vraiment me soutenir sur le long terme dans les enjeux professionnels que j'ai tracés ? Qui sera là en cas de coup dur ? Quelle est ma structure institutionnelle : mon entreprise ? Un cercle de diplômés ?

Mes réflexions sur l'entourage et les structures pour ma carrière

....

....

....

Mes décisions et/ou actions

....

....

....

⑩ Gérer la pression médiatique

Plus un athlète est soutenu, plus il saura résister à la pression médiatique à laquelle il est particulièrement exposé dans certaines phases de sa carrière. Son intelligence stratégique s'exprime alors dans sa capacité à se départir de la pression sociale exercée par cette exposition médiatique pour se concentrer sur les fondamentaux de sa performance sportive. Aimé Jacquet, entraîneur de football, l'explique très bien : *« Les sportifs de haut niveau vivent des périodes assez spéciales où ils sont aspirés dans la spirale des médias, ce qui les oblige à redoubler de réflexion et de retrait. Dans ces temps d'euphorie, on perd souvent des joueurs qui n'ont pas su garder la maîtrise de leur situation et se sont fait dépasser par leur environnement. Les vrais champions ne vont pas dans ce sens-là, ils gardent leur identité et leur sang-froid, même dans les périodes fastes.»*

Conclusion

L'intelligence stratégique vise la réussite de sa carrière profes-sionnelle et de chaque étape. C'est une intelligence qui consiste à équilibrer le court terme avec le moyen et le long terme en sécuri-sant chaque phase grâce à des choix judicieux et des plans d'ac-tion appropriés. Cette intelligence est celle qui intègre l'analyse et la compréhension pour se déployer. Elle revêt une importance particu-lière voire centrale en ce qui concerne les performances de très haut niveau à long terme.

DRH, comment développer l'intelligence stratégique d'un manager ? (Quelques pistes)

• Le mettre au poste où il est le plus fort.

• Lui offrir la possibilité de changer d'équipe, de faire une carrière : plus on change d'équipe, plus on apprend des façons différentes de « jouer ».

• Faire en sorte qu'il puisse changer d'équipe, partir si cela ne fonc-tionne vraiment pas.

• L'aider à développer une culture de recul sur son équipe.

Votre avis

....

....

....

Chapitre 2

L'intelligence technique, l'art des gestes précis et coordonnés

« Hâtez-vous lentement ; et sans perdre courage,
Vingt fois sur le métier remettez votre ouvrage ;
Polissez-le sans cesse et le repolissez ;
Ajoutez quelquefois, et souvent effacez. »
Boileau

Figure 5 – Les rouages de l'intelligence technique

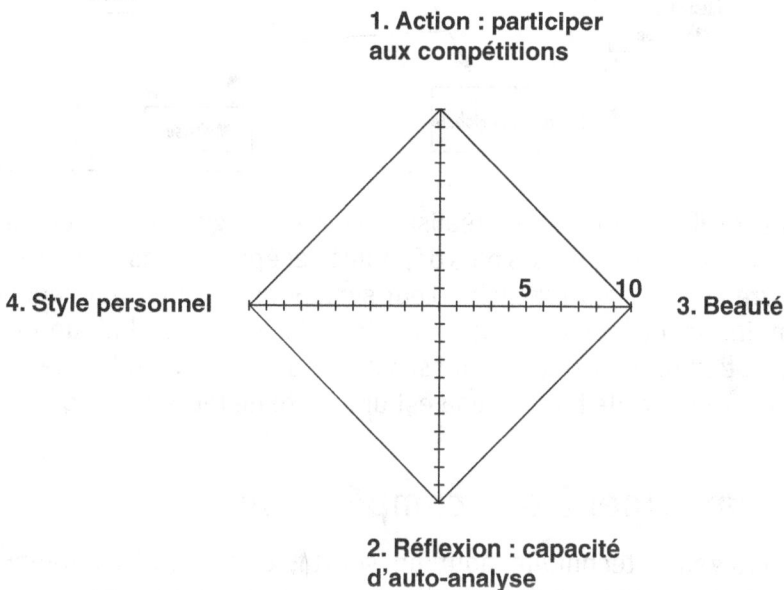

1. Action : participer aux compétitions

4. Style personnel

3. Beauté

5   10

2. Réflexion : capacité d'auto-analyse

Quelle que soit leur discipline, les sportifs de haut niveau réali-
sent toujours une « production » technique, résultat de leur intelli-
gence technique qui s'exprime dans la précision, la coordination et
la vitesse d'exécution de leurs gestes spécifiques. Lucides sur leur
niveau, ils n'ont de cesse de progresser. C'est pourquoi ils recher-

*chent les occasions de se dépasser et développent la technicité
de leur métier grâce à l'entraînement et l'acquisition de nouvelles
techniques.*

Figure 6 – L'intelligence technique chez un athlète

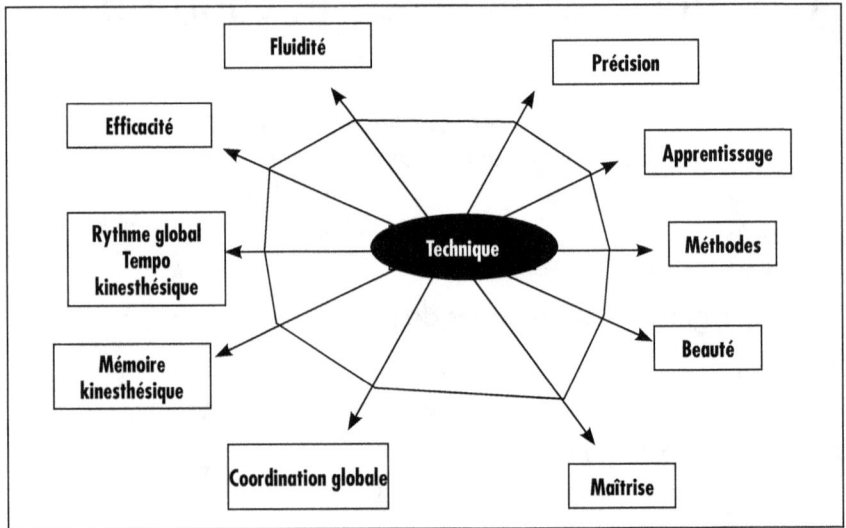

Un sportif de haut niveau réalise avec brio les gestes élémentaires
de sa discipline, toujours plus dépouillés et épurés dans leur mise en
œuvre comme leur efficacité. Leur synchronisation et leur cadence
conditionnent leur efficacité. Maintenir la qualité technique de la
prestation tout en augmentant sa vitesse d'exécution, tel est le chal-
lenge. Le sport de haut niveau est une sorte de joute technique !

① Participer à des compétitions

L'intelligence technique pour un sportif, c'est aussi comprendre
que l'environnement compétitif a une forte influence sur sa capacité à produire des performances. Ainsi, rechercher des contextes
favorables se révèle déterminant. L'événement conditionne la
performance !

C'est pourquoi la participation à des compétitions de haut niveau
améliore toujours la performance des athlètes.

Comme un sportif, je recherche dans ma vie professionnelle des challenges au lieu de m'enfermer dans les routines, aussi sécurisantes soient-elles. C'est l'occasion pour moi d'apprendre et de me dépasser.

❷ Capacité d'auto-analyse et maturation

Un athlète chevronné sait aussi décomposer sa performance en gestes élémentaires et évaluer son niveau. À chaque niveau de performance atteint, il développe des compétences – ou acquis techniques. Il a cette volonté permanente de progresser et d'anticiper les nouveautés techniques qui jalonnent son métier, se forme, les met en pratique. Bien sûr, il faut aussi des dons techniques naturels pour réussir. Comme le souligne Yannick Le Saux (aviron) : *« La performance ne se développe jamais sans qualités. »*

Il n'empêche que l'intelligence technique doit toujours se travailler, qu'il s'agisse de chaque geste élémentaire ou de leur coordination. Dans son processus de maturation personnelle vers la performance, le sportif passe par quatre étapes d'apprentissage : incompétence inconsciente, incompétence consciente, compétence consciente, compétence inconsciente. Il finit alors par réaliser le bon geste à l'intuition, à l'instinct.

Le professionnel performant, à l'instar du sportif de haut niveau, ne se repose pas sur ses acquis. Il a un souci d'autocritique et de recul sur ses pratiques. Il sait faire progresser ses compétences par la formation et intègre en permanence de nouvelles techniques utiles à l'exercice de son métier.

❸ La beauté du geste

Un sportif doté d'intelligence technique aime la technique pour elle-même, pour la beauté et l'efficacité des gestes réalisés. Cette dimension, en quelque sorte esthétique, est fondamentale. On ne réussit que dans ce qu'on aime avec ses tripes !

> Comme un sportif, un professionnel qui maîtrise son métier tire du plaisir à mettre ses compétences en action : faire une présentation brillante ou mener une réunion avec brio, par exemple.

④ Développer son style personnel

Mais il n'y a pas un modèle unique de réussite technique. Le monde du sport de haut niveau montre que chaque athlète doit se développer avec ce qu'il est fondamentalement. Son style personnel technique, sa manière de faire les gestes sont au cœur de sa performance. Il y a véritablement plusieurs manières d'être champion du monde !

À moi de jouer

J'ai ma façon de faire mon métier unique, singulière, mes standards. Pour progresser sur la ligne ascendante de mon « athlétisme de vie », je dois développer mes savoir-faire.

Mes réflexions sur mes savoir-faire, leur maîtrise

....
....
....

Mes décisions et/ou actions

....
....
....

Conclusion

L'intelligence technique ne se limite pas à des qualités naturelles de savoir-faire. Elle consiste à rechercher la haute compétition, et des contextes de haut niveau sont nécessaires à son éclosion. Ici, l'interaction avec les autres athlètes permet à la technique de devenir intelligente. La recherche de l'innovation va ainsi tracer le profil d'une technique en évolution constante. Le manager de haut niveau saura lui aussi dans son domaine rendre intelligente sa technique en l'adaptant à son profil personnel pour trouver un style technique personnel et puissant.

DRH, comment développer l'intelligence technique d'un manager ? (Quelques pistes)

• Lui donner sa chance et le mettre en situation de responsabilité. Aucun athlète symbolique ne peut se développer sans participer à des compétitions.

• Faire en sorte que le niveau de la compétition où il est impliqué augmente.

Votre avis

....

....

....

Chapitre 3

L'intelligence tactique,
le sens des situations

« L'intelligence est notre dernier recours quand nous ne savons pas
comment faire face à une situation. »
Jean Piaget

Figure 7 – Les rouages de l'intelligence tactique chez un manager

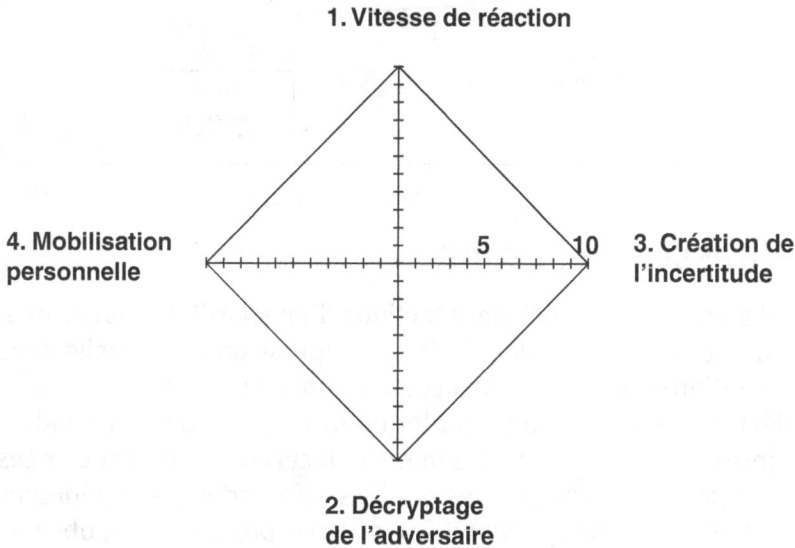

1. Vitesse de réaction

4. Mobilisation personnelle

5   10

3. Création de l'incertitude

2. Décryptage de l'adversaire

L'intelligence tactique est sans aucun doute l'intelligence dont on parle facilement dans le monde du sport. En effet, nous ne tenterons pas de dépasser les antagonismes théoriques cristallisés dans le champ universitaire des Staps. De nombreux travaux illustrent les phénomènes d'adaptation et de décision en jeu. De même, de nombreux travaux en management se focalisent sur les stratégies de décision managériale en situation et notamment les travaux sur l'agenda des dirigeants par exemple.

Figure 8 – La roue de l'intelligence tactique de l'athlète

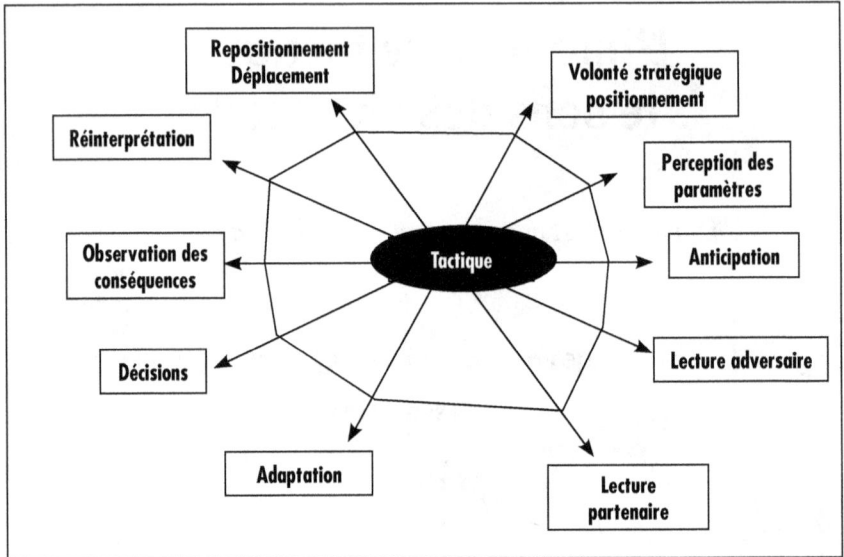

① Vitesse de réaction

On est au cœur de l'intelligence tactique d'un sportif de haut niveau, celle qui, en un instant, décide de son expression personnelle dans une situation donnée. On peut la définir comme la capacité à prendre les décisions *ad hoc* et à s'adapter de façon pertinente et rapide à un contexte sportif, par nature intense, incertain et aléatoire. *« Les grands sportifs présentent des qualités décisionnelles supérieures aux autres qui leur permettent d'être en jeu et pas hors jeu »*, observe Pierre Villepreux (rugby).

L'intelligence tactique s'applique sur un plan individuel, mais aussi collectif dans les jeux d'équipe. Par exemple, pour qu'un double mixte de tennis fonctionne bien, les deux partenaires doivent avoir un même niveau technique, des complémentarités, mais surtout une complicité commune dans la façon de percevoir et d'interpréter les échanges.

Principe-clé

La tactique est l'adaptation continue à des situations impré-vues, atypiques, aléatoires et intenses. C'est l'instinct de l'instant !

---

❷ Décrypter l'adversaire

Gérer une situation de jeu de façon tactique consiste à lire le jeu avec un temps d'avance, y compris en comprenant les propres choix tactiques de la partie adverse qui exercent une pression pour trou-ver la parade qui fait mouche. *« L'intelligence tactique, c'est le com-portement réactif du joueur face à une situation, dans un système collectif et face à des adversaires qui ont eux aussi des mouvements bien étudiés »*, analyse Aimé Jacquet, ex-entraîneur de football de l'équipe de France. Cette intelligence de jeu est tout un art de la psy-chologie digne des grands maîtres à penser asiatiques !

À moi de jouer

Je suis un tacticien. Je m'engage dans ma vie professionnelle, confiant dans mes capacités à trouver des solutions dans les situations complexes auxquelles je suis confronté. Oui, je m'adapte avec intelligence de façon continue (sans rupture) et surprends mes adversaires. Je sais me défendre, mais aussi passer à l'offensive…

Mes réflexions sur mon approche tactique dans mon métier

....

....

....

Mes décisions et/ou actions

....

....

....

③ Créer de l'incertitude

Les athlètes intelligents tactiquement savent réagir, mais également provoquer des contextes de jeu complexes dans lesquels ils peuvent « placer » une réaction tactiquement intelligente. Créer une nouvelle incertitude dans l'incertitude pour prendre le dessus ! Au judo, on dit « attaquer dans l'attaque » pour déstabiliser le jeu de l'adversaire et éviter sa propre déstabilisation. C'est vrai pour tous les sports. Johan Cruyff dit que pour être le plus « grand », un joueur de football doit avoir de l'imagination : *« Ma motivation, mon obsession, c'est d'inventer une nouvelle feinte chaque jour, efficace, capable de tromper l'adversaire pour tromper et conquérir des victoires. »* Toute la philosophie créative de l'intelligence tactique !

La défense et l'attaque sont des principes sportifs pour le professionnel. Comme un sportif de haut niveau, un manager doit en effet savoir se défendre, préserver ses acquis mis à rude épreuve. Pour y parvenir, il développe ses connaissances de la situation et des tactiques de la partie adverse, puis adopte une méthode de défense. Un professionnel doit aussi savoir passer à l'offensive et foncer, ce qui est indispensable à sa réussite dans ses activités et son développement personnel. Comme un sportif, il est d'une force positive qui exprime son désir de gagner, de se dépasser, en tout cas de rechercher des moments forts et exceptionnels.

❹ Mobilisation personnelle au bon moment

L'intelligence tactique focalise à elle seule toutes les autres formes d'intelligence dans l'instant présent. C'est pourquoi les acteurs sportifs de haut niveau évoquent son rôle prépondérant dans la performance. Par exemple, l'intelligence stratégique décrite dans le chapitre précédent se traduit par un choix de positionnement de l'athlète sur le terrain. Ce positionnement, dont les principes et les modalités sont élaborés avant l'effort sportif, s'adapte avec souplesse à travers l'intelligence tactique. *« C'est la réaction personnelle du joueur qui travaille dans un contexte précis, puisque l'entraîneur est là pour lui donner un cadre d'expression »,* dit Aimé Jacquet.

Comme un sportif de haut niveau, un manager de talent développe sa capacité de lecture de l'environnement et du jeu des acteurs, partenaires et concurrents. Grâce à cette vision systémique, il anticipe et adapte ses choix en fonction des événements, tout en tenant compte de la stratégie définie. Pour opérer ce repositionnement, il sait analyser les forces et les faiblesses en présence, ce qui lui permet de choisir au bon moment le geste ou l'action pour avancer positivement vers l'objectif fixé.

Conclusion

L'intelligence tactique du sportif de haut niveau lui permet d'utiliser ses capacités d'adaptation en situation concrète. Cette intelligence utilisée par le manager développe de la flexibilité liée à la découverte *in situ* de solutions originales qui permettent l'adaptation aux exigences de l'action. Il ne s'agit donc pas d'une intelligence intuitive. Elle semble *a priori* être une intelligence situationnelle peu liée à un apprentissage. Néanmoins, le monde du sport de haut niveau nous montre que cette forme d'intelligence demande des fortes connaissances sur la discipline elle-même ainsi qu'un lien important avec l'équipe et le coach.

DRH, comment développer l'intelligence tactique d'un manager ? (Quelques pistes)

• Inviter l'athlète symbolique à se dépasser, le mettre en bascule même si tout va bien.

• Le confronter à des situations nouvelles et inattendues.

• L'aider à comprendre et à intégrer les règles comme les ressources de son équipe (adaptation culturelle).

Votre avis

....

....

....

Chapitre 4

L'intelligence physique, le talent au travail

« Le sport consiste à déléguer au corps quelques-unes des vertus les plus fortes de l'âme. »
Jean Giraudoux

Figure 9 – Les rouages de l'intelligence physique chez un manager

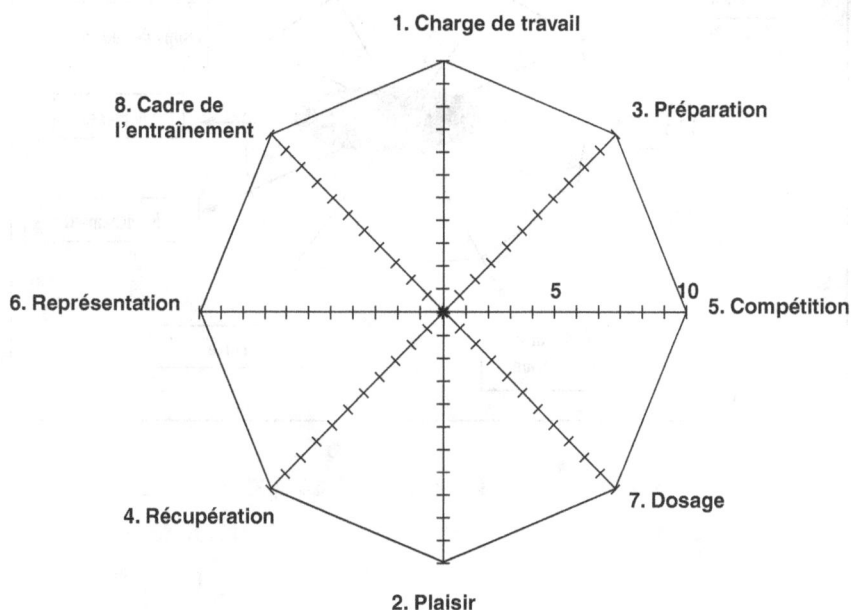

L'intelligence physique est une des premières formes d'intelligence sportive, celle qui doit se travailler très tôt dans la carrière d'un athlète. En effet, les qualités athlétiques sont à la base de tout, sinon il n'y a pas de performance possible. Elles constituent la « capacité

*de production » élémentaire du sportif, mais aussi le moyen de son
expression qui amène son corps à « danser » selon les principes et
la chorégraphie de sa discipline. Et c'est vrai quel que soit le sport :
de l'athlétisme à la course automobile. Ces qualités athlétiques
sont multiformes et transcendent tous les sports. Motricité, agilité,
vitesse, puissance, réactivité et coordination des gestes sont l'expression de l'intelligence physique.*

Figure 10 – La roue de l'intelligence physique de l'athlète

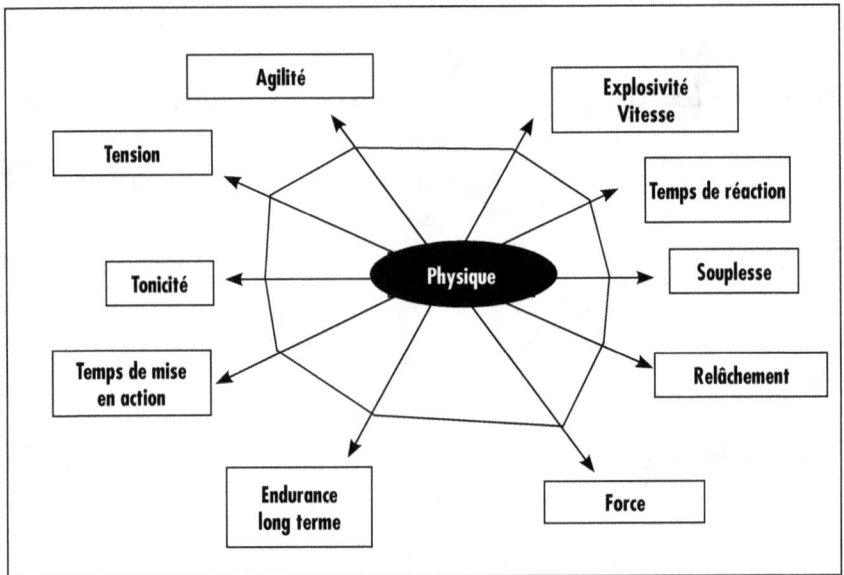

Un manager de haut niveau est un sportif qui s'ignore. Comme ce
dernier, il a un fort tonus physique, qui lui permet de faire preuve
d'une grande capacité de mobilisation et de concentrer son
énergie sur une tâche précise, répondant avec rapidité, lucidité
et pertinence à l'urgence.

Une affaire de potentiel... et de maturation

N'est pas grand sportif qui veut ! *« Il faut un patrimoine génétique, une taille, une capacité de réponse en termes de vitesse, d'explosion, de capacité d'impulsion, de réaction, de vision, d'envergure »*, explique Michel Cogne (volley). Mais le « génie » a aussi besoin de temps pour s'exprimer et arriver à maturité. Affaire de type de discipline d'abord. Certaines font éclore les athlètes jeunes, à l'instar de la gymnastique ou du football. D'autres, dites de maturité, comme le 110 m haies, demandent plus de temps.

Les qualités intrinsèques d'un sportif ne constituent toutefois pas l'unique facteur de performance d'un sportif. La capacité à les valoriser, en mobilisant toutes les autres formes d'intelligence, est nécessaire pour les faire éclore. C'est pourquoi, dans le monde sportif, rien n'est joué d'avance. *« Le futur champion n'est pas forcément celui auquel on pensait »*, fait valoir Patrick Cluzaud (cyclisme).

La performance, c'est bien évidemment aussi toute une culture personnelle de l'effort à acquérir, faite d'endurance et de travail. *« Ceux qui font partie de la grande élite ont toujours un talent inné. Mais ils ont aussi une capacité à s'entraîner et font preuve d'un vrai courage pour supporter les charges importantes de travail. Le talent sans le travail ne sert à rien dans le sport de haut niveau »*, observe Jean-Paul Loth (tennis).

Poursuivons notre comparaison. Un manager de haut niveau a une grande endurance, une capacité « d'abattage » du travail qui passe par des qualités intellectuelles, mais qui requiert aussi un potentiel physique. Trop peu d'études soulignent l'impressionnante énergie mobilisée par les hauts potentiels et les dirigeants d'entreprise qui s'investissent de façon phénoménale dans leur métier sur de longues périodes, jonglant sur les charges de travail intenses, les horaires élastiques et les voyages dans le monde entier. Cette dimension physique de la performance managériale conditionne une partie non négligeable des résultats.

❶ La charge de travail

Avec maturité, un sportif de haut niveau sait autogérer son corps et s'investit consciencieusement contre vents et marées. *« Il travaille beaucoup. Tu vas le trouver une heure avant à l'entraînement et une heure après ! Il faut le mettre dehors ! »* déclare Jean-Pierre de Vincenzi (basket). Il se remet chaque jour à la tâche, sachant qu'il peut décrocher le gros lot, mais aussi être hors jeu. En tout cas, il veut donner le meilleur de lui-même, au nom du sport, en acceptant souffrance et privations, parfois sur de longues périodes.

Le succès est à ce prix. *« Ce qui m'a fait réussir ? En premier, c'est le travail. Comme dans n'importe quel métier, il paie. Maintenant, je suis récompensé. Ce que j'espère ? La Coupe du monde. Non, non, je plaisante. J'espère rester le plus longtemps possible assez régulier. Pour les titres, ça viendra tout seul »*, a dit, de façon prémonitoire, le joueur de football Fabien Barthez en 1993, cinq ans avant de devenir champion du monde !

Le degré d'investissement peut faire la différence entre deux talents. *« Pete Sampras avait un talent fou. Il a peut-être moins travaillé que d'autres. Par contre, Lendl était peut-être moins talentueux que d'autres, mais un travailleur fou... »* met en exergue Jean-Claude Massias (tennis).

> ──────── **Principe-clé** ────────
>
> L'engagement dans la durée est le fondement de la performance de haut niveau.

❷ Le plaisir comme antidote

La mobilisation du corps dans l'action est déterminante pour le sportif, comme pour le professionnel. Surmonter difficultés et chocs liés à l'implication physique est tout un art qui incorpore le plaisir que l'on prend dans son activité. C'est l'antidépresseur de la performance, toujours stressante ! *« Quand j'entends parler les managers de haut niveau dans les entreprises, je me dis qu'ils ont oublié cette dimension. Chez nous, c'est fondamental. Sans plaisir fort, il n'y a pas de haut niveau »*, juge José Anigo en 2008 (directeur sportif, Olympique de Marseille, football).

> Et si, à l'instar d'un sportif, vous preniez plus de plaisir dans votre travail, en le considérant comme un jeu, un enjeu passionnant ? On le regardant sous un autre angle ? En refusant de vous couper de ce moteur si essentiel à la performance à long terme...

③ ④ ⑤ Préparation, compétitivité, récupération

La « capacité de production » d'un sportif se détériore chaque fois qu'il produit un effort, car la mécanique est fortement sollicitée. Il doit donc à la fois la renouveler et la développer grâce à l'entraî-nement. Cette gestion de la dimension physique s'assimile chez un athlète à une sorte d'intelligence bioénergétique. *« L'entraînement est la possibilité pour des joueurs qui ne sont pas talentueux de devenir très bons »*, fait ainsi valoir Philippe Omnès (escrime).

L'intelligence physique s'organise autour de trois temps forts, qui constituent un modèle que l'on peut baptiser « PCR », ou l'art pour un sportif de haut niveau de gérer la dimension physique de sa performance :

– **P** pour la préparation dont l'objectif est de lui permettre d'être en forme optimale le jour « J » ;

– **C** pour la compétition : l'art d'activer son potentiel physique pendant l'action ;

– **R** pour la récupération-assimilation : indispensable au sportif pour renouveler son potentiel physique et assimiler les efforts, source du développement physique.

Le modèle sportif « PCR », préparation, compétition, récupération-assimilation, s'applique à la vie professionnelle à un instant t, mais peut aussi être utilisé judicieusement pour la gestion de toute une carrière selon ses différents temps.

Préparation	(10/15 ans)	Début de carrière
Compétition	(10/15 ans)	Milieu de carrière
Récupération-assimilation	(10/15 ans)	Fin de carrière

6 Le physique en représentation

La performance d'un athlète de haut niveau n'est évidemment pas liée à son look et à son comportement... Néanmoins, l'intelligence physique consiste aussi à ne pas négliger ces aspects qui conditionnent les performances économiques du sport, très liées à la mode et aux marques. Séduire le public et les médias fait donc partie du jeu ! Cette culture de la représentation physique exige une intelligence de communication non verbale et gestuelle. Certains sportifs de haut niveau ont même des conseillers personnels dans ce domaine, et leur revenu annuel est multiplié parfois par plus de 10 grâce à la maîtrise de cette dimension. Le cas de David Beckham est-il une leçon à retenir ?

Look, sourire et charisme comptent également beaucoup pour les managers aujourd'hui, en particulier chez les grands dirigeants fortement exposés à la pression médiatique ! De même, tous les managers de proximité ressentent le regard de leur équipe. Vous êtes exposé de fait, même si les caméras ne sont pas braquées sur vous, les yeux de vos équipes le sont.

⑦ Trouver le bon dosage dans l'effort

Il est important pour un sportif de haut niveau de trouver un bon équilibrage entre ces trois temps. Comme l'explique Jean-Claude Massias (tennis), *« il faut aller le plus loin possible dans l'entraînement pour préparer l'athlète à résister à tout ce qui peut arriver en compétition. Mais quand les charges de travail préparatoires sont trop importantes, il "casse" dans l'effort »*. Conserver et entretenir son corps tout en continuant à se dépasser est un des enjeux majeurs pour un athlète professionnel. Le sport de haut niveau n'est pas une activité qui conserve la santé. Soyons clairs. Il met en difficulté la « machine biologique » en poussant ses possibilités le plus loin possible.

Un athlète doit intégrer cette contrainte et en anticiper les conséquences négatives, y compris dans les risques de blessures omniprésents. *« Il faut savoir jusqu'à quel point pousser l'entraînement pour qu'il ne devienne pas synonyme de grande fatigue, de grande blessure, de fatigue. Il faut donc être très précis dans la programmation du travail que l'on fait »*, insiste Jean-Pierre de Vincenzi (basket).

Les staffs médicaux jouent aussi un rôle important pour encadrer et préserver, à long terme, les possibilités d'action de l'athlète.

Brûler les étapes par le dopage

Aux étapes du marathon de l'effort, certains sportifs préfèrent le dopage. De l'athlétisme au cyclisme, on le voit dans toutes les disciplines. Il s'agit bien évidemment d'une dérive. Non seulement les valeurs sportives sont bafouées, mais l'athlète met sa santé en jeu pour la deuxième partie de sa carrière, mais aussi pour son futur personnel. « Le dopage, c'est la facilité. Un chemin pour réussir, peut-être, mais les risques sont importants », souligne Jean-Claude Massias (tennis).

« Un sportif, même au haut niveau, doit conserver une vie la plus équilibrée possible malgré les excès de sa pratique », met en garde Robert Poirier (athlétisme). Cela fait partie du job ! D'autant qu'aux contraintes de l'entraînement du haut niveau et aux charges de travail s'ajoutent des exigences très importantes de voyages internationaux pour certains sports. L'intelligence physique s'exprime alors dans une capacité à gérer son corps hors du terrain sportif et à préserver une vie personnelle équilibrée, comme l'explique très bien Jean-Claude Massias : *« On rencontre les meilleurs athlètes du monde, dans tous les hémisphères. On est sans arrêt confronté au décalage horaire. Dormir est absolument essentiel. Ceux qui ne le font pas finissent toujours par se blesser. Il faut se nourrir aussi. Et prévoir tout ça dans une organisation personnelle très précise et stricte. »*

Enfin, toute une carrière ne peut se dérouler sur le même rythme. Après avoir insufflé d'intenses doses de travail au corps dans les premières années, les athlètes sont souvent amenés à « l'écouter » et à travailler en prévoyant des modalités de récupération plus importantes au cours de la deuxième partie de leur carrière.

Y a-t-il une « génétique » du professionnel de haut vol pour expliquer cette endurance qui manque parfois à d'autres ? Difficile de répondre à cette question complexe. Pour autant, les managers dotés d'intelligence physique savent que leur corps est leur bien le plus précieux. Ils savent programmer leurs efforts et ont la capacité à sentir très précisément le moment où ils doivent prendre des breaks et s'aménager des temps de récupération et de détente.

À moi de jouer

Je sais que mon corps est mon capital énergétique. Aussi, je fais les efforts nécessaires pour rester en bonne santé. Je sais foncer, mais aussi m'aménager des temps de récupération. Je connais de mieux en mieux mes façons de récupérer-assimiler vraiment.

Mes réflexions sur l'intelligence physique

....

....

....

Mes décisions et/ou actions

....

....

....

⑧ Le cadre d'entraînement

Disposer de ressources matérielles et humaines adéquates pour s'entraîner joue un rôle très important dans la préparation sportive. Aussi, les athlètes de haut niveau n'hésitent-ils pas à mettre en place des cellules d'entraînement privées pour disposer du meilleur environnement matériel possible, y compris dans les aspects confort et qualité de vie, à l'instar d'Amélie Mauresmo, au tennis, ou de Thierry Lincou, au squash. Encore faut-il en avoir les moyens financiers, bien sûr.

Pour développer leur potentiel d'énergie, nombre de managers suivent aujourd'hui des programmes d'entretien de leur corps. Les séminaires d'entreprise pour cadres et hauts potentiels prévoient aujourd'hui des temps consacrés au corps. Mais il s'agit toujours d'une dimension taboue, comme l'a été en son temps « l'émotion ». Le corps est oublié comme élément intrinsèque des capacités professionnelles des cadres et managers. Les séminaires qui utilisent le sport de haut niveau comme ressources pédagogiques sont souvent un révélateur de cette dimension oubliée. Certains responsables de formation ou DRH s'engagent alors dans une réflexion complexe de la dimension physique dans l'entreprise.

Conclusion

L'intelligence physique du sportif de haut niveau lui permet d'utiliser ses capacités athlétiques et corporelles au maximum vers la performance de ses résultats. Le manager est souvent étranger à ces formes d'intelligence car les entreprises ont sans doute trop oublié l'importance du corps comme l'élément de base de la performance managériale sans laquelle rien n'est possible dans le concret des entreprises. Il y a là une source de performance inexploitée par les managers eux-mêmes en général.

DRH, comment développer l'intelligence physique chez un manager ? (Quelques pistes)

• Lui proposer des « outils » de développement « sexy » et à la mode.

• Prévoir des séances d'entraînement physique, avec beaucoup d'aspects ludiques.

Votre avis

....

....

....

Chapitre 5

L'intelligence mentale, l'énergie vitale en mouvement

« Ce qui ne nous tue pas nous rend plus forts. »
Friedrich Nietzsche

Figure 11 – L'intelligence mentale chez un manager

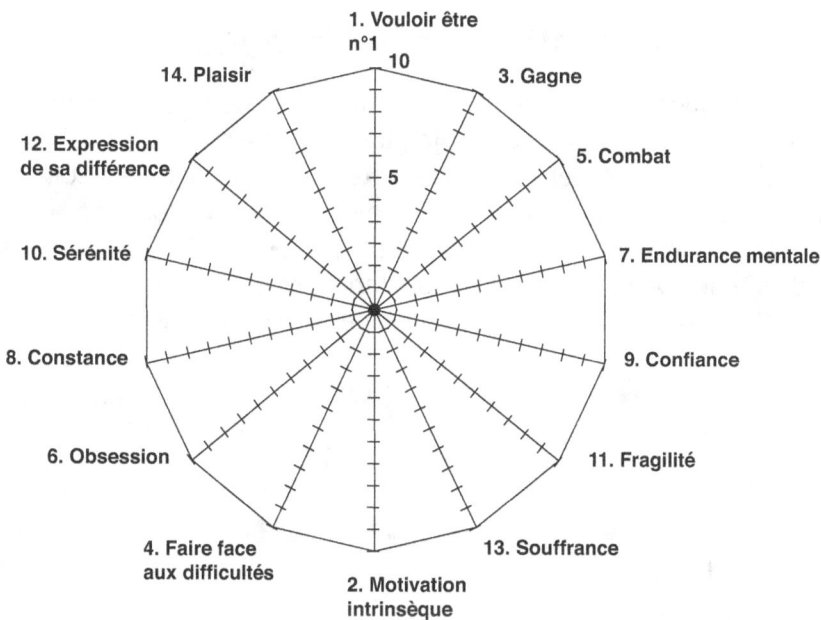

Faire preuve d'intelligence mentale pour un sportif, c'est être capable de trouver en soi les capacités à réaliser des prestations de haut niveau durant les compétitions, au moins comparables à celles réalisées lors des entraînements. L'intelligence mentale sportive se présente comme un cocktail de hautes qualités : combativité, moti-

vation, confiance en soi, plaisir... et sérénité. Transposées au monde professionnel, elles deviennent des vertus...

① Vouloir être numéro 1

L'athlète doit d'abord posséder en lui la volonté de la « gagne », une détermination qui oriente son énergie vers la place de numéro 1.

« Pour être plus fort que les autres, il faut avoir l'ambition farouche d'être le meilleur. Cela conditionne tout, y compris la capacité à s'entraîner de façon intensive », confirme Jean-Pierre de Vincenzi (basket).

② Avoir une motivation intrinsèque

Aucune prouesse sportive n'est possible sans une motivation intrinsèque à aller au bout de son projet, à se dépasser. Elle se manifeste dans l'effort et reste ferme et constante après une victoire... comme un échec. Arthur Ashe, joueur de tennis, le disait très bien en 1980, avec ce conseil intemporel : *« Ne vous laissez pas dominer par vos états d'âme ou vos échecs. À consacrer trop de temps à l'analyse de ses échecs, on perd un temps précieux et une énergie vitale. »*

La volonté d'être numéro 1 est rarement la priorité des managers, sauf de quelques vrais grands ambitieux ! Vouloir, à l'instar d'un sportif de haut niveau, maximiser son potentiel personnel et se dépasser dans une perspective d'épanouissement personnel est un objectif de haut niveau. C'est quasiment un critère minimal pour entrer dans le champ du très haut niveau. Comme pour un athlète, cela suppose, entre autres, une motivation intrinsèque et une capacité à transformer ses échecs en victoires pour demain.

③ La volonté de la « gagne »

Cette qualité mentale, intimement liée au potentiel physique et énergétique comme aux valeurs de l'athlète (cf. chapitre 7), se décline de multiples façons : volonté d'être le numéro 1 dans sa discipline, motivation intrinsèque à se dépasser, aptitude à se considérer comme un combattant, quelle que soit sa discipline, volonté d'affirmer son style, voire de changer sa discipline, capacité à faire de ses fragilités un atout... et prendre du plaisir. « Recruter » une personnalité dotée d'un caractère aussi bien trempé peut être stratégique pour un club, car l'entraînement, aussi intensif soit-il, ne suffit pas à transformer un sportif en athlète de haut niveau. *« On ne fait jamais un athlète contre son gré »,* confirme Robert Poirier (athlétisme). Question de tempérament mais aussi d'histoire personnelle (cf. chapitre 7, là encore)...

④ Gérer les périodes difficiles

Il faut également une bonne dose de constance pour gérer les aléas de la carrière sportive et croire en sa bonne étoile, même quand tout va mal. Elle sous-tend une clairvoyance sur la capacité à réaliser des performances dans la durée. *« Rares sont les champions linéaires. Il faut avoir la capacité à accepter des échecs forts et savoir reprendre le flambeau »,* affirme Philippe Omnès (escrime).

⑤ Esprit de combat

Toutes les disciplines sont, en fait, des sports de combat et pas simplement l'escrime ou la boxe ! L'intelligence mentale souligne la capacité d'un athlète à orienter ses intentions d'action vers l'offensive, avec énergie et une volonté de vaincre.

Quasi immédiatement, il perçoit les enjeux de la partie qui se joue et y trouve ses motivations d'action.

> Comme un sportif, j'aime me battre, me confronter aux problèmes. Ils sont mes maîtres qui m'aident à progresser. Je recherche ces situations.

⑥ Être obsessionnel !

« Il faut être un peu obsessionnel pour atteindre un très haut niveau », fait valoir Jean-Claude Massias (tennis). Rien de vraiment surprenant pour le métier sportif qui se décline sur le mode de la passion, de l'effort et de l'incertitude. L'obsession a de hautes vertus, mais elle est souvent décriée par les opposants au sport, car elle peut conduire un athlète à renoncer à tout autre type d'activité ou s'enfermer dans sa tour d'ivoire. Elle n'est en tout cas guère transposable dans le monde de l'entreprise.

⑦ Endurance mentale

Le principal levier de la confiance est l'endurance. Pour réussir, un sportif de haut niveau doit, en effet, déployer de la passion et de la ténacité, répéter les mêmes efforts, sans relâchement, souvent pendant de longues années.

Ce rapport au temps suppose une véritable force intérieure de la part de l'athlète, car il ne sait pas réellement si son investissement personnel donnera des résultats. *« Dans le sport de haut niveau, on paie le prix par avance ! On paie très cher ! Parfois on n'a aucun résultat... »*, met en lumière Daniel Costantini (ex-DTN du handball).

⑧ De la constance pour endurer l'extrême

La constance est une dimension cognitive de l'intelligence mentale qui permet à un sportif de soutenir sa stratégie sportive sur le long terme, c'est-à-dire de mettre en œuvre ses plans d'action décidés en période de réflexion. Son principal ressort est l'endurance qui permet de persévérer contre vents et marées, d'accepter la souffrance inhérente aux efforts répétés et d'assumer les échecs. Elle prend souvent chez le sportif la forme de l'obsession.

La préparation mentale, oui mais...

Au-delà de la part de l'inné, un entraînement spécifique peut aider un sportif de haut niveau à développer toutes ces belles qualités mentales.

Mais leur usage fait rarement recette dans le monde du sport. En effet, leur usage, de même que le recours à des « entraîneurs mentaux » se heurtent aujourd'hui encore à des résistances culturelles parmi les athlètes. « Ils disent qu'ils ne sont pas malades. Quant aux staffs sportifs, ils veulent conserver "leur" athlète. Il y a parfois trop de possessivité », souligne Robert Poirier (athlétisme).

---

⑨ Une confiance démesurée en son « je »

La confiance en soi est le nerf de la guerre, sans doute le premier facteur de la réussite. *« Une fois trouvée, on avance comme un train »*, explique Kees Plogsma (football américain). Anecdote sur les effets corrosifs de l'absence de confiance. Mais qu'est-ce que vraiment la confiance en soi pour un sportif ? C'est sa capacité à développer une assurance telle qu'il se sent capable de maîtriser des situations de jeu de très haut niveau, les compétitions jouant un rôle de *stimuli* pour ce sentiment intime. *« Le champion sent qu'il est très bon, qu'il est très fort, qu'il peut devenir le meilleur »*, met en perspective Jean-Pierre de Vincenzi (basket). Il a le sentiment indicible que rien ne peut l'arrêter.

Cette attitude optimiste a quelque chose de magique ! *« Je n'ai jamais tapé un coup, même à l'entraînement, sans avoir une image très positive de celui-ci dans la tête. C'est comme un film en couleurs »*, expose Jack Nicklaus, joueur de golf. La confiance en soi d'un athlète est une dynamique qui se nourrit de ses performances et de ses succès. Elle est donc intimement liée à ses compétences physiques et techniques. L'échec peut miner le capital confiance. Dès lors que le doute s'installe, la performance devient problématique.

> Comme un sportif, s'exposer à des challenges et les gagner, c'est valoriser son capital confiance et avancer.

⑩ La sérénité et le recul pour « aller au but »

La capacité à trouver la sérénité et le recul dans les situations sportives de haut vol est déterminante pour « aller au but ». Celui qui perd le contrôle émotionnel perd la compétition, car il n'est alors pas en mesure de développer une vision offensive de l'action et les bons réflexes pour affronter les inévitables difficultés et obstacles.

Trouver le calme est tout un art qui consiste à maîtriser son affect et les excès de stress que procure une compétition. La meilleure façon, c'est peut-être d'oublier l'enjeu de l'épreuve ! *« Le piège, c'est de vouloir gagner, descendre pour la première place. Dans ce cas, on se trompe de chemin. L'important, c'est de penser à ses sensations »*, dit Carole Montillet de l'équipe de France de ski.

Cette sérénité de l'athlète ne se manifeste pas que sur le terrain. C'est un état d'esprit constant qui permet à un athlète de garder le calme au milieu des échecs, frustrations et conflits interpersonnels. Il prend le recul nécessaire pour analyser sa performance en toute indépendance d'esprit, sans succomber aux accusations ou tomber dans l'autocritique stérile. Il trouve alors de nouvelles raisons de se battre et recharge ainsi sa batterie énergétique. *« Nous sommes dans une société où l'échec est catastrophique. Pourtant, c'est ce qui peut arriver de mieux à un athlète. Bien géré, il va permettre de gagner »*, dit sans hésitation Jean-Claude Massias (tennis).

La sérénité au travail conditionne l'équilibre et l'épanouissement et permet de durer dans un monde difficile aux challenges multiples. C'est en adoptant, à l'instar d'un sportif de haut niveau, une attitude positive qu'un manager peut trouver le calme intérieur pour relever les défis. Il doit prendre conscience des enjeux relationnels et s'engager dans l'action en ayant défini des relations motrices et une communication adaptée. Il doit aussi prendre du recul sur les situations en identifiant, sans anxiété, les points de blocage et les freins pour mieux les combattre. Il devra pour cela sortir des influences inconscientes ou subies. Ces états émotionnels de performance, les managers doivent apprendre à les construire et à les activer, au moment souhaité, par des images, des mots et des comportements.

⑪ Se motiver via ses fragilités et ses instabilités

« Les sportifs de très haut niveau, comme les grands artistes, les écrivains ou les hommes d'affaires talentueux, sont des êtres d'exception qui ont quelque chose de plus que les autres : plus de caractère, plus de ténacité, plus de rythme cardiaque, etc., analyse Robert Poirier. *Ils sont toujours à la limite du marginal, en permanence, finalement, dans des situations d'instabilité, de fragilité. Les physiologistes disent même que la forme est un état de déséquilibre ! »*

Rien de surprenant, comme nombre de personnes qui sortent du lot, les sportifs talentueux sont souvent ceux qui ont su transformer une difficulté personnelle en une profonde motivation à réussir et en un engagement sans faille (cf. chapitre 7). *« Un sportif de très haut niveau a un besoin énorme de réussir pour des raisons d'équilibre personnel,* confirme Fabien Canu (judo). *Il peut vouloir compenser un mal-être affectif remontant à l'enfance, comme le judoka David Douillet qui n'a connu son père qu'à 25 ans. Il peut aussi chercher à surmonter un complexe physique. C'est par exemple le cas d'un sportif qui souffre de faire deux têtes de plus que les autres. »*

On constate aussi que les blessures physiques, loin d'être toujours un handicap, peuvent être pour les sportifs un facteur de motivation, car elles les font réagir fortement, produisant une révolte intérieure et déclenchant une énergie positive qu'ils vont réinvestir dans leur pratique.

Enfin, n'oublions pas que plus un sportif monte et gagne, plus il se fragilise, tant l'effort et la pression qu'il subit sont fortes.

À moi de jouer

Si je suis capable de réaliser des choses un peu exceptionnelles dans ma discipline, c'est peut-être parce que je suis en état de déséquilibre et sur le fil du rasoir dans mon activité ! Je dois l'accepter ! Je suis fragile ? C'est peut-être ma force !

Mes réflexions relatives à ma fragilité

....
....
....

Mes décisions et/ou actions

....
....
....

⑫ Marquer sa différence

L'intelligence mentale d'un sportif s'exprime aussi dans une volonté de dépasser les limites et les comportements admis depuis toujours dans sa discipline. *« Les personnalités dont on perçoit la force nous dérangent quelquefois, car elles remettent en cause nos certitudes,* fait valoir Claude Fauquet (natation). *Mais la différence, c'est ce qui fait que le champion est champion. »*

Dépasser les limites conduit parfois à faire évoluer sa discipline et la façon de la pratiquer. Par exemple, Borg ou Fosbury ont changé leur sport.

> Exercer sa pratique différemment, remettre en question les certitudes toujours admises, voilà comment un professionnel peut aller plus loin.

⑬ Savoir souffrir

La capacité à accepter des charges de travail souvent excessives provoque de réelles souffrances physiques chez un athlète. Accepter ces souffrances ponctuellement et sur le long terme figure dans le palmarès de l'intelligence mentale. C'est une sorte de contrat moral que passe l'athlète avec son activité de haut niveau et surtout, c'est une qualité mentale qui permet de franchir les différents niveaux de progression importants.

⑭ Le plaisir

Si la souffrance peut être un moteur dans le sport de haut niveau, la recherche du plaisir dans l'expression de sa discipline est un principe tout aussi fondamental de réussite. Sébastien Grosjean, joueur de tennis de l'équipe de France en 2002, le dit très bien : *« J'ai remarqué que chaque fois que je jouais dans la joie, la victoire était régulièrement au bout. Jouer, au sens enfantin du terme, me permettait d'être relâché sur le terrain et de faire abstraction du score et de l'enjeu. »* Cette capacité à prendre du plaisir est au carrefour de l'intelligence mentale, physique et collective. Pour un gymnaste, un simple geste technique réussi peut suffire à lui procurer une forte satisfaction personnelle et doper sa performance. Un joueur de football qui a réussi une passe se sent heureux et tout de suite plus fort.

Comme pour un athlète, le plaisir au travail peut être le carburant numéro 1 de motivation d'un manager. Trouver et retrouver les sensations de sa discipline permet d'arrêter de « complexer », évite la pression négative, permet de faire abstraction du score et des enjeux et de dépasser les doses de souffrance inhérentes à tout effort important. L'épanouissement est la conséquence directe de la maîtrise de son domaine.

Conclusion

L'intelligence mentale d'un sportif de haut niveau comme celle d'un manager est celle d'un guerrier en réussite qui va au combat. Un stratège motivé, combatif et persévérant, maître de ses émotions, sûr de sa force physique et de sa technicité. L'intensité du jeu auquel il se livre fait écho à sa force intérieure. Bien sûr des assises psychiques fortes sont nécessaires, mais ce domaine se différencie vraiment des psychothérapies qui traitent de pathologies. Poussé à l'extrême, ce type d'intelligence permet d'économiser l'énergie psychique et physique en la focalisant sur des éléments qui facilitent l'action dans la compétition de haut niveau.

DRH, comment développer l'intelligence mentale chez un manager ? (Quelques pistes)

• Éviter qu'au fur et à mesure de l'action et des années s'installe un flou dans sa représentation personnelle en dehors de son équipe.

• Identifier ses motivations profondes qui ne s'expriment généralement que lors des ruptures : « Ce qu'on voulait faire. »

Votre avis

....
....
....

Chapitre 6

L'intelligence collective, l'art des relations avec les autres

« L'humanité est constamment aux prises avec deux processus contradictoires dont l'un tend à instaurer l'unification, tandis que l'autre vise à maintenir ou à rétablir la diversification. »
Claude Lévi-Strauss

Figure 12 – Les rouages de l'intelligence collective chez un athlète

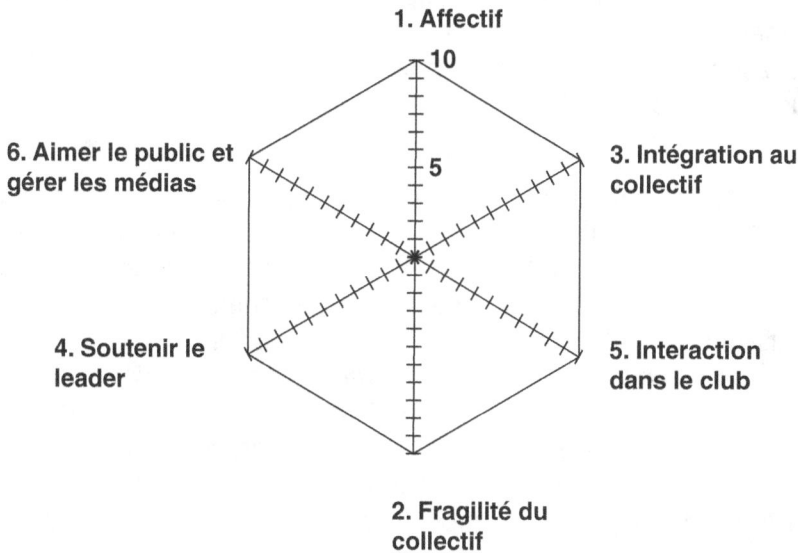

Un sportif doté d'intelligence collective développe un comportement affectif et positif qui consiste à aimer son équipe et à se mettre à son service avec enthousiasme au-delà de ses intérêts personnels. Il a aussi une capacité à s'entourer et savoir tirer parti des res-

sources de son environnement : l'équipe, son entraîneur, son club, son entourage personnel. Il sait, enfin, gérer, toujours positivement, les attentes du public et la pression des médias. En somme, cette forme d'intelligence sportive souligne sa capacité d'interaction avec son environnement humain.

❶ Une complicité affective bénéfique à l'équipe

Reflet de l'intelligence mentale, l'intelligence collective est d'abord, pour un sportif de haut niveau, une aptitude à tisser avec son équipe des relations conviviales, solidaires, mais aussi exigeantes, hors terrain et en compétition. Et si, avant tout, la bonne humeur communicative était un facteur d'émulation ? Les exemples ne manquent pas. Ainsi, à cinq minutes du coup d'envoi d'un match, le joueur de football Ronaldinho chante et danse dans les vestiaires. Il faut dire qu'il a grandi dans une ambiance faite de gaîté et de joie, entouré de musiciens et de chanteurs !

Un athlète doté d'intelligence collective prend aussi plaisir à la coaction, se sentant responsable du groupe auquel il appartient. Oubliant son ego, il cherche à le dynamiser, aidant ses collègues à avancer, allant jusqu'à les motiver en périodes de difficulté. Cette intelligence collective s'exprime, au premier chef, dans le sport collectif. Pourtant, elle n'a rien d'évident. *« Quels que soient ses qualités, son niveau, ses performances, un sportif doit toujours être au service des autres. C'est la grande difficulté dans les jeux collectifs, où même les plus forts doivent être au service des autres »*, juge Aimé Jacquet, le célèbre entraîneur de football. Cette intelligence individuelle « fabrique » véritablement l'intelligence d'action collective.

En entreprise, l'intelligence collective interroge fortement notre volonté de faire gagner le groupe et de ne pas jouer solo. C'est aussi une capacité à aimer, au sens le plus simple, ses collègues de travail, c'est-à-dire ses coéquipiers. Cette synergie affective est un facteur de performance.

Bonne ambiance et complicité ne sont pas de la partie pour stimuler l'esprit de détente mais pour répondre aux besoins de la compétition. Elles sont source d'émulation et tirent la performance de l'ensemble du groupe vers le haut. Elles constituent donc un facteur de performance à part entière. Elles aident également chaque coéquipier à accepter les charges de travail importantes.

La fragilité du collectif

Même si l'on y met les bons « ingrédients », la réussite d'un groupe est pourtant une alchimie aléatoire, peu contrôlable. Tous les acteurs de haut niveau réfléchissent en permanence aux conditions et aux contextes qui permettent son émergence. Le témoignage de Fabien Galthié, capitaine de l'équipe de France de Rugby, en 2001, est éloquent : *« Un collectif, c'est si fragile. Quand il marche, on sait pourquoi. Dans le cas contraire, on cherche ce qui manque ou ce qu'il y a en trop. Et ça devient très compliqué... En fait, même quand il gagne, il faut encore réfléchir et travailler, car le jour où on croit détenir la potion magique, on commence à régresser. »*

Principe-clé

Le collectif est aussi fragile qu'il peut être fort.

③ L'intrégration au collectif

La dimension groupe est également capitale dans les sports individuels et s'impose de plus en plus. *« En France, on sait maintenant en jouer. Dans l'athlétisme, elle a pris beaucoup d'importance »*, remarque Robert Poirier (athlétisme). Rien de surprenant, la dynamique collective a les mêmes effets bénéfiques que dans les sports d'équipe, comme le dit très bien Fabien Canu (judo) : *« Lors de notre première Coupe du monde, notre haut degré d'intensité d'équipe a été tout à fait bénéfique. Chaque judoka s'est motivé par l'entourage, pour ne pas décevoir les copains ! »*

La réussite collective marche main dans la main avec la réussite individuelle. Un sportif doté d'intelligence collective tire pleinement partie des ressources collectives pour son développement et sa performance, comme le fait très bien valoir Muriel Hurtis (athlétisme) : *« Il n'y a pas de performance individuelle qui ne soit avant tout une performance d'équipe. »* Et Aimé Jacquet de surenchérir : *« On a souvent vu des joueurs extrêmement doués, mais qui n'ont pas mené de carrière, faute d'avoir su se fondre dans la collectivité pour être encore plus performants sur un plan personnel. Tant qu'ils n'ont pas compris qu'il y a une manifestation personnelle dans le collectif, ils restent à côté de la plaque. »*

> Combien de managers, pourtant talentueux, sont éjectés du « système » pour avoir fait passer leurs intérêts personnels avant ceux de leur entité ou de leur entreprise ?

Se mettre au service des autres et utiliser ce biais pour hausser sa performance personnelle ne va pourtant jamais de soi. Cela bouscule bien des stéréotypes de la réussite individuelle. Il faut aussi se départir des écueils de la jalousie, des conflits de leadership, par exemple. L'intelligence collective correspond à une prise de conscience du rôle concret et puissant que les coéquipiers peuvent produire sur leur propre performance. Elle renvoie à l'intelligence axiologique (cf. chapitre 7).

À moi de jouer

En me faisant l'écho et l'intégrateur des talents que j'ai perçus chez les autres, mon talent personnel n'en ressort que mieux et se trouve renforcé.

Mes réflexions sur le talent

....

....

....

Mes décisions et/ou actions

....

....

....

④ Soutenir le leader

Voici un petit échange entre basketteurs qui en dit long sur l'importance de soutenir le leader du groupe :

– Mickaël Pietrus, basketteur : « *Je n'ai eu qu'une envie, c'est de mettre Tony en confiance. Le groupe est un grand train. Il te rattrape quand tu sors et te remet dans le wagon* » ;

– Tony Parker, basketteur vedette : « *Que mes coéquipiers aient continué à me pousser et à m'encourager m'a énormément touché. Pour eux, j'étais le leader de l'équipe. Franchement, cette équipe est très solidaire et, sur un plan mental, ça m'a aidé à être prêt pour le match contre la Serbie.* »

Qu'il s'agisse des sports collectifs ou individuels, soutenir et même orienter ses efforts vers le leader enclenche une dynamique vertueuse profitable à tous. Un groupe capable de mettre son leader dans les meilleures dispositions pour exprimer son talent réussit collectivement. Car, en retour de son aide, le leader oriente sa charge de travail et le dynamise par son niveau et son exemple. Au fond, il s'agit d'une application collective de la stratégie des points forts (cf. chapitre 1). *« Les joueurs, comme les entraîneurs, savent très bien que la présence de tel joueur est indispensable dans leur équipe s'ils veulent gagner »*, souligne Pierre Villepreux (rugby). Rien de surprenant que tous les sports de haut niveau intronisent les leaders. Dans le cyclisme, *« la place de chacun est importante, mais tout le monde travaille pour le leader »*, dit Patrick Cluzaud (cyclisme).

> La conception et le rôle du leadership dans le sport de haut niveau sont intéressants pour les équipes et même les comités de direction. En effet, une entreprise, ou un collectif, qui gagne est toujours solidaire de son leader. Mais, en retour, le leader doit se mettre au service de son équipe et ne pas chercher à l'écraser. Dans les organisations trop hiérarchisées, c'est là où le bât blesse !

⑤ Interaction dans le club

Un athlète doté d'intelligence collective sait nouer des relations de qualité avec son équipe, avec son entourage sportif (entraîneur, staff, club, mais aussi le public et les médias). En d'autres termes, il sait gérer son environnement social de proximité. Et, comme sur le terrain, il tirera les bénéfices de cet engagement affectif. *«Tous les grands champions sont accompagnés, ils ne sont pas seuls. Ils ont pris dans leur environnement ce qui leur était profitable »*, assure Fabien Canu (judo).

> Les relations professionnelles proches du manager sont déterminantes pour son évolution professionnelle. C'est la logique du réseau, qui consiste à s'intéresser et à se mettre à l'écoute de son environnement pour en recevoir les bienfaits en retour.

© Groupe Eyrolles

⑥ Aimer le public et gérer les médias

« Il faut aimer le public, avoir présent à l'esprit sa composition, des gens modestes qui sacrifient une partie de leurs revenus pour nous communiquer leur joie de vivre. C'est une motivation noble », estime Aimé Jacquet. Cette capacité à aimer le public et à communiquer avec lui, au-delà des enjeux mêmes de la partie qui se joue, traduit l'intelligence collective, tout comme les relations affectives avec ses coéquipiers.

Nouer des relations détendues et ouvertes avec les médias fait aujourd'hui partie du job de tout sportif de haut niveau ! En échange, il retire un soutien médiatique stimulant. Mais un sportif n'est pas nécessairement un communicant-né, car ce n'est pas son métier. C'est pourquoi nombre d'athlètes suivent des *media training* pour apprendre à mieux maîtriser leurs relations avec leurs interlocuteurs journalistes, intermédiaires, public. Connaissance du fonctionnement des médias et des enjeux pour chaque journaliste, erreurs à éviter, etc., autant de sujets qui sont étudiés.

Mais attention le terrain médiatique n'est pas le terrain du sport ! Or, le sport-spectacle et le vedettariat peuvent faire tourner la tête à un athlète, au risque de s'éloigner de la réalité sportive. D'autant que celui qui sait gérer son image est sollicité pour faire la publicité des produits des grandes marques et touche parfois des sommes considérables. Du football, en passant par le judo ou le cyclisme, nombre de sportifs sont devenus les rois du petit écran ! Dans cette spirale, ils risquent de perdre ce qui leur a permis de devenir bons et de compromettre leur carrière ! *« Souvent, dans les périodes d'euphorie, on perd des joueurs qui n'ont pas su garder la maîtrise de leur situation et qui se sont fait dépasser par leur environnement »*, reconnaît Aimé Jacquet. Pour garder son recul et revenir aux conditions réelles de sa performance, un athlète doit mobiliser son intelligence mentale.

À moi de jouer

Comme un sportif, un professionnel qui atteint le sommet est socialement exposé et médiatisé. Il peut alors chercher à vouloir plaire à tout prix et oublier les réalités. C'est là où les ennuis commencent...

Mes réflexions sur la médiatisation

....

....

....

Mes décisions et/ou actions

....

....

....

Conclusion

Dans le sport de haut niveau comme dans l'entreprise, un groupe est un système dynamique dont la réussite dépend de l'engagement et de la solidité de chacun de ses membres, comme si ce groupe était une molécule et chaque individu un atome. L'implication de l'athlète, symbolique ou non, au projet collectif, est le reflet de son intelligence collective.

DRH, comment développer l'intelligence collective d'un manager ? (Quelques pistes)

• Lui faire intégrer des équipes de plus haut niveau. Plus il joue avec des athlètes symboliques forts, plus il progresse.

• Mettre en place un système de parrainage entre anciens et nouveaux pour diffuser l'expérience et la culture vers les nouveaux.

• L'inviter à ne pas faire des questions personnelles des sources de conflits.

• Déceler ses « enjeux de désirs » et les jalousies qui limitent sa recherche d'efficacité personnelle.

Votre avis

....
....
....

Chapitre 7

L'intelligence axiologique,
l'art d'avoir des valeurs pour réussir

« Pour vaincre, il faut avoir un moral de vainqueur. »
Malraux

Figure 13 – Les rouages de l'intelligence axiologique

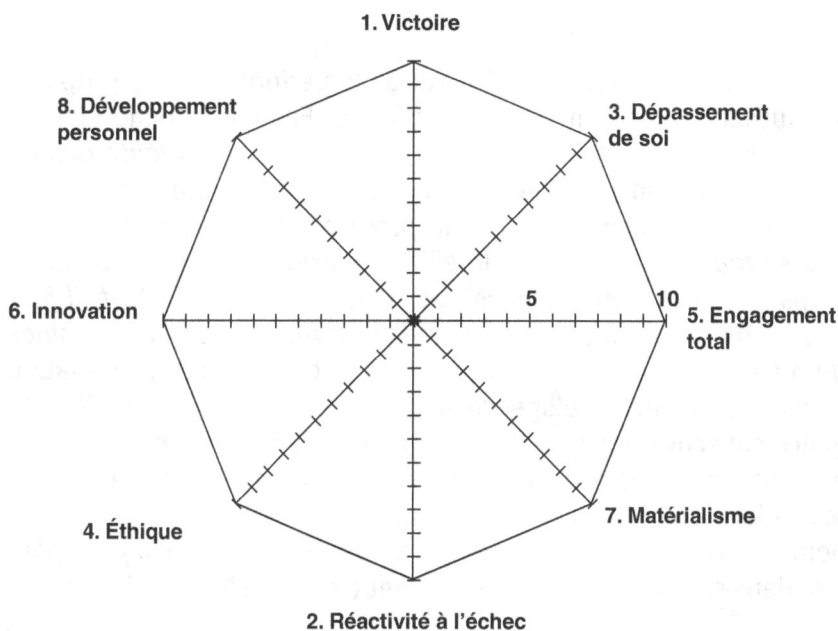

Sens de la « gagne », engagement total, capacité à rebondir sur les échecs, volonté de dépassement, réussite matérielle, beaucoup de sportifs de haut niveau s'accordent sur l'importance des valeurs qu'ils portent en eux dans leur réussite. D'une certaine manière, elles constituent le socle culturel de leur performance, le fil rouge de *leur développement. Elles irradient toutes les formes d'intelligence que nous avons décrites. C'est l'intelligence axiologique, en philosophie , la théorie des valeurs morales.*

① La victoire

La valeur principale des athlètes de haut niveau est incontestablement la victoire, cette volonté intrinsèque d'aller loin et d'occuper la première place. On l'a bien vu aux derniers Jeux olympiques de Pékin, tous les athlètes étaient là pour emporter une médaille d'or, dès lors qu'ils en avaient la capacité !

> Un manager de haut niveau est un athlète symbolique qui joue pour gagner !

La volonté de gagner est le moteur de la performance qui propulse les autres formes d'intelligence sportive. Elle conditionne l'intelligence mentale. *« Qui aime être le meilleur ne se contente pas de la médiocrité,* dit sans hésitation Fabien Canu (judo). *Depuis que j'ai pris conscience qu'une seule place comptait, la première, j'ai chassé tous mes doutes. »* L'intelligence axiologique fait également corps avec l'intelligence physique. *« Au-delà de son talent, il faut une ambition résolue d'être le meilleur pour accepter des dizaines de milliers d'heures d'entraînement »,* dit à son tour Jean-Claude Massias (tennis). L'intelligence axiologique rejaillit aussi sur l'intelligence collective puisqu'elle conduit l'athlète à rechercher dans son environnement les ressources qui vont lui permettre de réussir. Elle le conduira en particulier à faire appel à un entraîneur coach qui l'aidera à développer les précieuses valeurs de haut niveau et l'épaulera dans sa trajectoire vers le sommet (cf. seconde partie).

> C'est la demande de victoire de l'athlète qui est le fondement du coaching. Même logique dans le monde professionnel...

② Réactivité positive à l'échec

Dans leur recherche de dépassement, rien n'arrête les athlètes de haut niveau. Pas même l'échec ! Réagir simplement et positivement à l'échec est en effet une valeur très partagée parmi les athlètes de haut niveau. Ils savent qu'erreurs et contre-performances sont obligatoires dans leur trajectoire et les acceptent... pour mieux rebondir. Les grands champions abordent, en effet, leurs échecs comme des tremplins, des chances de progresser. Ils constituent une source d'évolution complètement intégrée dans leur processus de réussite. À cet égard, les sportifs de haut niveau ont valeur d'exemple dans une société où l'échec est généralement considéré comme catastrophique !

À moi de jouer

J'accepte l'échec comme faisant partie de mon apprentissage et de mon développement. Je n'en fais pas une montagne. Je le regarde positivement et avance.

Mes réflexions sur l'échec et ses analogies avec celui d'un athlète

....

....

....

Mes décisions et/ou actions

....

....

....

③ Le dépassement de soi

Où les sportifs de haut niveau puisent-ils les valeurs fortes qui les incitent à se dépasser ? Le sens de la « gagne », ils le portent bien souvent en eux. *« Pour nous, à 18 ans, le caractère est fait. On est un guerrier, ou on ne l'est pas »*, juge Patrick Cluzaud (cyclisme). Brice Guyart, médaille d'or d'escrime à Athènes en 2004, ne dit pas autre chose : *« L'esprit de combat est en moi depuis pas mal de temps et m'a permis de gagner des matchs. Ce n'est pas forcément l'escrime qui me l'a apporté, mais elle m'a permis de l'exprimer. »*

La motivation intrinsèque à gagner trouve bien souvent sa source dans un contexte personnel, familial ou social. Dans *L'Équipe* du 16 juin 2000, le joueur de football Ronaldinho tient, à cet égard, des propos très significatifs : *« Mon père est mort quand j'avais 8 ans. Il me voyait jouer en sélection. Il disait que j'allais être champion du monde et que je deviendrai le meilleur joueur de la planète. Ma motivation personnelle a toujours été de réaliser les rêves de mon père. Aujourd'hui, j'y arrive petit à petit avec mes conquêtes. Et chaque jour je travaille avec cette motivation. »*

> Si je veux être numéro 1, c'est peut-être parce que j'ai une fragilité personnelle qui me fait avancer. J'en fais mon affaire. L'essentiel est bien de progresser, voire de progresser vers le plus haut niveau.

La recherche de promotion sociale est aussi un puissant moteur. C'est elle qui fait courir les cyclistes des pays de l'Est ! *« Ils sont très motivés à gagner, dit Patrick Cluzaud (cyclisme). C'est pour eux une façon de sortir d'une vie difficile et de prendre du galon social. Ils bossent généralement plus que les Français qui ne ressentent pas autant le besoin de se surpasser, car ils ont moins faim. Ils ont aussi une forte endurance. Nous sommes dans un sport de souffrance. Il faut pouvoir rester sept heures sur un vélo, passer le cap de la fatigue extrême et des douleurs, dans des conditions extérieures difficiles. »* D'ailleurs, bien souvent, une fois qu'ils ont acquis une certaine célébrité, ils ont tendance à moins se dépasser.

En 1968, Bob Beamon pulvérise le record du monde de saut en longueur. À l'annonce du résultat, il s'écroule, pris d'une attaque cataleptique… due à l'émotion. Ce choc révèle la beauté du sport dans l'accomplissement de l'exploit, du dépassement de soi qui prend la personne dans son émotion. C'est en accédant au plus haut rang dans sa discipline qu'un athlète de haut niveau se réalise.

A contrario, la réalisation personnelle ne se décline pas sur le mode du bien-être immédiat. Pour accéder au sommet, le prix à payer en efforts physiques, en tension mentale et en abnégation est trop élevé pour qu'on puisse l'évoquer en tant que tel. L'engagement total n'est pas, disons-le, complètement dissociable d'une forme de radicalisation, comme chez les grands artistes qui se vouent corps et âme à leur passion. Cette acceptation d'une certaine forme de déséquilibre, inhérente à l'esprit de haute compétition, peut être difficile à comprendre pour certains. Elle tranche avec une vision, parfois naïve, du sport de haut niveau qui ne se pratique pas de la même manière que le sport de loisirs. Les athlètes de haut niveau savent qu'il y a toujours un « prix à payer », au moins provisoirement, même si les meilleurs d'entre eux, par une gestion intelligente de leur corps et de leur santé mentale, savent rendre l'addition moins salée !

À moi de jouer

Dans ma vie professionnelle, je ne recherche pas le bien-être en tant que tel, mais avant tout à me dépasser, sinon je serais à un autre niveau. J'ai conscience des sacrifices que cela suppose : assumer une charge de travail élevée, accepter des mobilités, mettre en sourdine certains intérêts personnels… Je vis ma vie professionnelle comme un athlète, en exprimant ce qu'il y a en moi, en gardant en mémoire mes victoires comme mes défaites. Et, pour le coup, je me réalise. Un profond sentiment d'accomplissement accompagne ma carrière.

Mes réflexions sur les valeurs qui me motivent
....
....
....

Mes décisions et/ou actions
....
....
....

④ Une éthique

Pour autant, les sportifs de haut niveau ne sont pas prêts à franchir la ligne rouge pour gagner. Les acteurs du monde du haut niveau pensent que la plupart des très grands athlètes sont des adeptes du « politiquement correct ». Le respect des règles, de l'environnement, des arbitres, de leur équipe, de leurs adversaires est une valeur déterminante chez eux en général. Néanmoins, les cas de dopage et de comportements agressifs dans certains contextes (Zinedine Zidane et son coup de tête en 2006) sont des contre-exemples flagrants.

⑤ Un engagement total

Pour atteindre le haut niveau, un sportif, on l'a compris, doit s'engager totalement et accepter le travail à haute dose, répéter les efforts sur plusieurs années, avec tous les sacrifices et l'abnégation qui vont avec. Volonté, motivation jusqu'à la détermination et passion sont des capacités requises. *« Constamment apprendre et progresser. Je passe mon temps à repousser mes limites. C'est la définition en fait du sportif de haut niveau »*, a souligné Bixente Lizarazu, membre de l'équipe de France de football, en août 2004.

> Comme dans le sport de haut niveau, la valeur travail et son corollaire, l'engagement, sont déterminants dans la réussite professionnelle.

⑥ Une volonté d'innover

La conscience d'être capable d'apporter des contributions innovantes dans leur discipline soutient également la motivation et la détermination de nombre d'athlètes de haut niveau. *« Ce qui motive ? Donner une dimension supplémentaire à son sport. Virginie Dedieu dit qu'elle veut mettre de l'art »*, explique Claude Fauquet (natation).

> Et si vous décidiez de faire votre travail de façon innovante ? Pour faire progresser votre métier, ou tout simplement pour la beauté de l'art ?

⑦ La réussite matérielle, une valeur forte

Les choix de carrière des athlètes de haut niveau ne sont pas seulement guidés par une volonté de dépassement, mais aussi par une recherche de réussite matérielle et sociale. C'est un puissant moteur !

⑧ Le développement personnel

Le sport de haut niveau le montre : gagner est aussi synonyme de développement personnel, donc de réalisation sur la durée. *« Il faut s'affronter soi-même avant d'affronter les autres. On se lance un défi tout en acceptant d'être confronté à ses propres limites, ses doutes et ses peurs. C'est une des plus belles manières de s'accomplir »*, juge Stéphane Diagana (athlétisme). Même sentiment chez Marie-José Perec (athlétisme) : *« Progresser dans le sport n'est pas seulement se battre pour être le meilleur et franchir la ligne d'arrivée en vainqueur. C'est avant tout donner le maximum de soi-même pour être tout simplement meilleur et se réaliser sportivement et humainement. »*

> Le sport de haut niveau, un modèle de développement personnel pour le manager. Le chemin de la performance sportive illustre la destinée de ceux qui s'engagent dans la progression continue vers le haut niveau dans leur activité professionnelle. Le sport révèle les épreuves et les combats qu'il faut mener pour arriver à son niveau d'excellence et son épanouissement personnel, c'est-à-dire à l'expression de son fond.

Conclusion

L'intelligence axiologique est aussi pour l'athlète de haut niveau une capacité à intérioriser les valeurs issues de son environnement et à les utiliser pour s'affirmer personnellement dans sa discipline. Ces valeurs sont d'abord transmises par l'éducation. À cet égard, avoir un parent sportif de haut niveau qui a montré l'exemple peut ouvrir la voie de la réussite. Les cas sont fréquents de fils ou de filles de champions qui deviennent champions à leur tour, parce qu'ils portent en eux l'héritage culturel de leurs « pairs » et sont enclins à reproduire le modèle familial de réussite. Les exemples du fils de Yannick Noah et de celui de Jean-Claude Skrela sont édifiants à cet égard. Ce principe de transmission est vrai dans tous les domaines, et pas simplement dans le sport. Ainsi, en entreprise, les fils de grands capitaines se hissent bien souvent au premier rang, comme chez les Riboud (Danone).

Les valeurs sont également transmises par l'environnement sportif : le club, les entraîneurs, les athlètes côtoyés... L'éducation sportive collective en quelque sorte.

Mais les valeurs qui constituent le socle culturel de la réussite dans le sport de haut de niveau ne sont pas intangibles, données une fois pour toutes. Elles peuvent évoluer d'une génération à l'autre de sportifs, car elles dépendent largement de l'environnement sportif à un instant t : l'esprit de l'époque, le contexte compétitif, les règles en vigueur. C'est pourquoi, là encore, le sportif de haut niveau a un travail d'intériorisation à faire.

Principe-clé

L'intelligence axiologique est une capacité à intérioriser les valeurs qui me feront réussir dans le métier dans lequel je suis engagé dans une période donnée.

À moi de jouer

J'ai pris conscience de mes valeurs. Elles tracent le chemin de mon devenir. Elles sont liées à mon caractère, à mon histoire personnelle, mais aussi à mes « éducateurs » qui ont réussi à me les transmettre, ouvrant le sillon de ma réussite. Je réfléchis aussi à leur pertinence par rapport à mon environnement. Je ne néglige pas leur importance déterminante sur ma capacité à aller vers le haut niveau.

Mes réflexions sur mes valeurs

....
....
....

Mes décisions et/ou actions

....
....
....

Les valeurs du haut niveau évoluent à grande vitesse, celles ci sont mélangées avec les valeurs du contexte, du pays, de l'entreprise, de la famille, etc. L'intelligence axiologique permet au manager, au sportif, d'aborder, d'intégrer les valeurs qui lui permettront d'aller au plus haut niveau mondial. Une intelligence axiologique permettra de prendre de la distance et de faire évoluer aussi ses propres valeurs en fonction de l'évolution du monde.

DRH, comment développer l'intelligence axiologique chez un manager ? (Quelques pistes)

• Lui donner des challenges motivants.

• Créer les conditions professionnelles pour qu'il réussisse dans sa mission : la victoire est la plus grande motivation d'un athlète symbolique.

• Récompenser ses efforts.

• Considérer ses échecs comme une façon d'aller plus loin, sans juger.

• Mettre à sa disposition un coach.

Votre avis

....

....

....

Chapitre 8

L'intelligence holistique, symphonie des sept intelligences

« Le glas sonne pour les théories fermées, fragmentaires et simplifiantes de l'homme. L'ère de la théorie ouverte multidimensionnelle et complexe commence. »
Edgar Morin, *Le Paradigme perdu : la nature humaine*

Figure 14 – Les 7 points de l'intelligence sportive

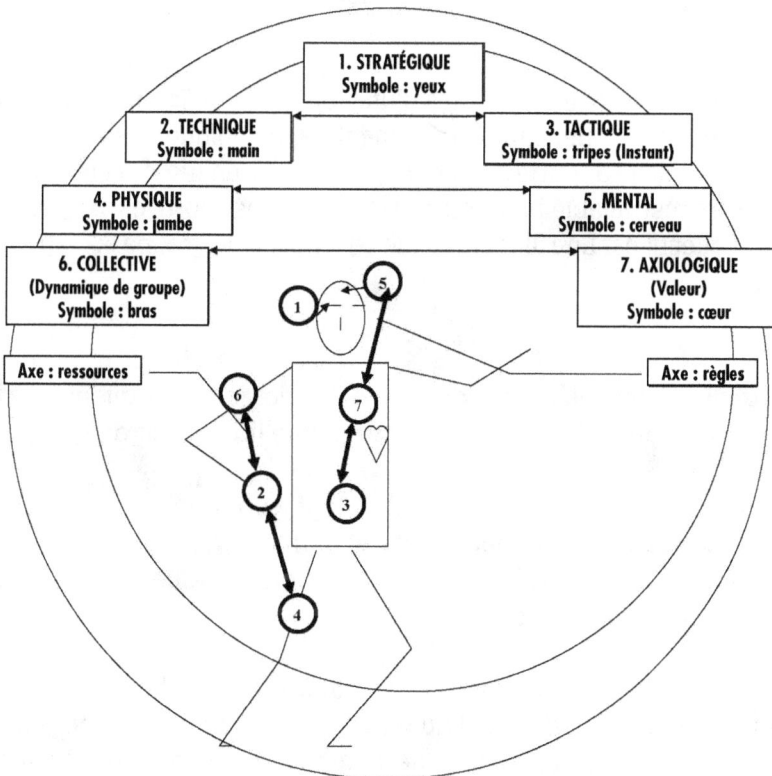

Chaque intelligence se renvoie la balle

« Un très bon joueur doit posséder un patrimoine physique supérieur, être capable de supporter des charges de travail importantes, coordonner, grâce à une capacité d'analyse, ce patrimoine, gérer des enjeux sportifs, professionnels et financiers. C'est vraiment une notion globale », affirme sans aucune hésitation Michel Cogne (volley). Tous les professionnels du sport de haut niveau s'accordent à dire que l'intelligence sportive est, bel et bien, une intelligence holistique et systémique. Plus prosaïquement, chaque forme d'intelligence se renvoie la balle. Nous l'avons bien vu dans chacun des chapitres précédents.

Principe-clé

L'intelligence sportive est holistique.

On pourrait encore dire que chaque athlète est à lui tout seul une équipe de sept « acteurs » dotés d'une forme d'intelligence spécifique : physique, technique, stratégique, mentale, technique, collective, axiologique. Chacun apporte sa valeur ajoutée au scénario de la réussite. Et ce constat est valable pour toutes les disciplines sportives. La passe en sport collectif est une illustration de ce « travail de groupe ».

La passe en sport collectif

• Lecture des éléments du contexte de jeu et traitement de l'information pour faire la passe : intelligence stratégique et tactique.

• Faire une passe, c'est mettre tout son corps en action : intelligence physique, technique et mentale.

• Éviter de passer la balle à un coéquipier fatigué : intelligence collective et axiologique.

Mais c'est, *in fine*, la capacité de mobilisation et l'interaction des sept « acteurs » qui donnent du relief à chaque talent et détermine la performance du groupe dans une alchimie créatrice propre à chaque sportif de haut niveau. Par exemple, plus un athlète est motivé, plus la qualité de ses décisions sur le terrain sera élevée. Cette corrélation établit le lien entre intelligence mentale et tactique. De même, l'attention d'un athlète monte avec la difficulté technique à laquelle il est confronté dans l'exercice de sa discipline, ce qui établit la liaison entre intelligence mentale et technique.

L'intelligence axiologique fait également corps avec l'intelligence physique. C'est le sens de la « gagne » qui permet, en effet, d'accepter les laborieux efforts qui jalonnent le chemin de la performance.

Les sept formes d'intelligence du manager

Stratégique : intégration des règles du jeu, de l'environnement et du contexte ; anticipation, planification ; point forts/faibles ; objectifs, choix.

Technique : connaissances ; méthodes ; maîtrise ; précision, réglage ; tour de main/savoir-faire ; apprentissage.

Tactique : astuce ; captage de l'opportunité, du bon moment ; exploitation des situations ; adaptation offensive/défensive ; repositionnement rapide.

Physique : force ; souplesse, agilité ; rapidité ; tonicité ; endurance physique ; relâchement, plaisir ; préparation/action/récupération.

Mentale : motivation intrinsèque ; calme ; constance ; persévérance ; concentration ; foi.

Collective : conscience des ressources collectives ; identification des apports de chacun/mobilisation compétences ; chaleur humaine et acceptation de la diversité ; coopération disponibilité, écoute ; entraide.

Axiologique : volonté de gagner ; effort, travail ; engagement ; fierté ; respect des règles, intégrité, honnêteté, fair-play ; capacité à rebondir.

Travailler toutes les dimensions de l'intelligence

Si un sportif peut s'appuyer sur ses formes d'intelligence où il est le plus doué pour réussir, il doit toutefois travailler les sept pour progresser. Être très performant dans une dimension n'est, en effet, pas un facteur de réussite à lui tout seul. Par exemple, dans un sport d'équipe, un athlète doté de qualités physiques fortes pourtant indispensables ne pourra pas exprimer son potentiel ni réussir sans intelligence collective. Mais être moins doué dans tel ou tel domaine de l'intelligence n'empêche pas un athlète de briller, car ses autres qualités peuvent compenser cette déficience. La performance est une utilisation d'un ensemble d'intelligences.

Ces sept intelligences forment un réseau systémique. Bien sûr, certaines fonctionnent avec plus ou moins de proximités. Un triangle stratégique et technico-tactique semble se détacher. Ce triangle d'intelligences définit le Métier. Il souligne l'intelligence pragmatique de terrain et est lié à une discipline. Ensuite, on peut voir se dessiner un niveau énergétique physique et mental. Ces deux intelligences sont intimement liées alors qu'*a priori* elles ne semblent pas fonctionner de façon autonome. Au contraire l'expérience des acteurs du sport de haut niveau nous le montre. Enfin l'intelligence collective se rapproche de l'intelligence axiologique dans la mesure où cette dernière fonctionne comme un guide de comportements collectifs. Gestion des règles et des ressources.

Pour éclairer l'intelligence globale sur un plan théorique, on peut articuler les sept intelligences sportives en s'appuyant sur les travaux d'Anthony Giddens. Ce théoricien décrit les principaux mécanismes observables lors de la mise en œuvre d'une action dans un contexte donné, en particulier les règles et les ressources exploitées par l'acteur. Selon lui, une action comporte donc trois grandes étapes : perception du contexte ; raisons et motifs de l'action ; conséquences, intentionnelles ou non, produites.

Transposons maintenant cette approche au sport de haut niveau en associant chaque forme d'intelligence sportive à une partie du corps, comme le montre la figure d'ouverture du chapitre :

- l'intelligence stratégique : les yeux ;

- l'intelligence technique : la main ;

- l'intelligence tactique : les tripes ;

- l'intelligence physique : la jambe ;

- l'intelligence mentale : le cerveau ;

- l'intelligence collective : le bras ;

- l'intelligence axiologique : le cœur.

Les sept formes d'intelligence qui concourent à l'action sportive sont unies par un système complexe, les flèches symbolisant ces liens et leur interaction. L'axe « ressources » relie jambe, main et bras. L'axe « règles » réunit tripes, cœur et cerveau. L'intelligence stratégique, quant à elle, joue un rôle d'organisation des ressources et des règles, c'est-à-dire optimise l'interaction des autres intelligences dans la stratification de l'action.

L'action managériale, reflet des multiples situations auxquelles sont confrontés les professionnels, est multiple : démarrage d'un projet, organisation, animation et transformation d'une équipe, communication, appréciation/évaluation, arbitrage, choix, résolution de problèmes, formulation d'une critique... Dans toutes ces situations, les managers mobilisent leurs sept formes d'intelligence.

La compétition met l'intelligence en mouvement

C'est la mise en situation de compétition ou les challenges qui mettent chaque partie de l'intelligence en mouvement et permettent à l'intelligence globale de s'exprimer. *« Les meilleures performances se font dans les événements majeurs, l'événement conditionne la performance »*, rappelle Pierre Villepreux (rugby).

Comme dans le sport de haut niveau, c'est l'action managériale qui fait l'acteur et vice versa. C'est pourquoi la mise en situation est le premier outil de développement personnel d'un manager via :

• la mobilisation de son corps qui lui permet de réaliser techniquement un geste (comportemental ou lié à son métier), en collaboration directe ou indirecte avec les autres (intelligence physique, technique et collective) ;

• la mobilisation de ses capacités cognitives et le contrôle réflexif dans l'action (intelligence stratégique et technico-tactique) ;

• les rencontres professionnelles et les situations d'interaction complexe (intelligence collective) ;

• le développement de la maturité affective et de la connaissance de soi (intelligence mentale) ;

• La mise en action de ses valeurs (intelligence axiologique).

Conclusion

L'intelligence sportive, notion développée à partir des athlètes sportifs de haut niveau, sous-tend intrinsèquement la notion de performance. Cette intelligence multiforme doit leur permettre d'atteindre le plus haut niveau mondial, au moins à un moment donné de leur carrière ainsi nous sommes sur une intelligence orientée vers la performance de très haut niveau. L'intelligence sportive est donc *in fine* une intelligence de haute performance dans une discipline/milieu/ l'environnement particulier qu'est le sport. Les enseignements que nous avons tirés dans cette partie peuvent être largement mis à profit par les managers à haut potentiel. L'intelligence sportive de haut niveau éclaire une partie et de façon opérationnelle les notions d'intelligence des managers dans le milieu des affaires.

L'intelligence sportive est une façon différente et spécifique d'aborder l'intelligence des managers, qui pourrait inciter les entreprises à prendre davantage en considération par exemple la dimension physique chez leurs managers. Il semble que cette dimension soit négligée depuis trop longtemps.

Enfin, si l'intelligence sportive est un gage de performance, de développement personnel, donc d'épanouissement, et de reconnaissance sociale, elle ne rime pas forcément avec bien-être personnel, santé ou confort. Le coût d'accès au haut niveau est élevé et demande un investissement personnel important, tant dans le sport que dans les affaires. Si chacun ne peut ou ne veut prétendre au haut niveau, au moins peut-il tirer des enseignements de l'intelligence sportive pour rester dans la compétition dans un monde ou celle-ci augmente en permanence.

Méthode Inzirillo-Bournois d'évaluation des sept intelligences sportives

Veuillez, pour chacun des couples de phrases, répondre en choisissant la réponse qui vous ressemble le plus (même si elle ne reflète pas exactement ce que vous êtes ou ce que vous faites).

Vous pourrez procéder à l'autodépouillement de ce test en fin d'exercice.

1. Face à un adversaire difficile : situation de négociation
   A : je bombe le torse, je mobilise toute mon énergie
   B : « on peut gagner sans être le meilleur »

2. Lorsque je suis face à une situation totalement nouvelle
   A : je me concentre
   B : je passe en revue mes connaissances

3. Lorsque je dois arbitrer
   A : j'ai recours à une méthode éprouvée
   B : je prends en compte le contexte du moment

4. Lorsque on me demande un avis
   A : j'aime livrer mes astuces
   B : je suis le plus honnête possible

5. Quand on me demande un service
   A : j'ai à cœur de montrer tout mon engagement personnel
   B : j'apporte un maximum de chaleur humaine

6. Lorsque je dois délivrer une prestation dans les délais
   A : je reprends toujours les objectifs
   B : je conserve mon calme jusqu'au bout

7. Quand un projet démarre
   A : je m'engage rapidement dans l'action
   B : je règle avec précision les différentes étapes

8. Situation sous pression
    A : je cherche presque toujours à planifier
    B : je fonce dans le travail

9. Si je dois me séparer d'un fournisseur
    A : je me centre sur les motivations profondes
    B : je choisis le bon moment pour lui annoncer

10. Lorsque je dois faire évoluer une équipe
    A : je mobilise mes expériences passées
    B : je valorise les conséquences bénéfiques du changement

11. Lorsque je dois arrêter un projet passionnant
    A : je sais me repositionner rapidement
    B : je mesure l'impact des conséquences collectives

12. S'il faut choisir entre plusieurs solutions
    A : j'envisage plusieurs scénarios possibles
    B : je suis systématique dans l'application des critères

13. Quand je suis confronté à une question difficile à résoudre
    A : je sais faire preuve d'agilité et de souplesse
    B : je m'adapte par l'offensive ou la défensive

14. Placé dans une situation où je dois évaluer un dossier
    A : je m'attache à creuser le dossier
    B : je vais droit au but

15. Quand il s'agit de donner une image positive d'une équipe
    A : j'utilise des approches que j'ai déjà éprouvées
    B : Je suis sensible à ce que tout le monde en bénéficie

16. Pour moi la récompense
    A : doit porter sur les points forts stratégiques
    B : doit aller vers ceux qui on exploité les bonnes opportunités

17. Quand je dois sanctionner un membre de mon équipe
    A : je m'impose dans l'entretien
    B : je tente d'être le plus respectueux possible dans la forme

18. Quand il s'agit de se dépasser
    A : je me concentre totalement
    B : je m'appuie sur les autres

19. S'il faut reporter un projet à plus tard
    A : je pèse le pour et le contre
    B : je ne perds pas de vue mon engagement à le réussir plus tard

20. Pour être efficace dans la durée
    A : il faut savoir se ménager des phases de récupération
    B : il faut s'entraider

21. Pour obtenir des résultats ambitieux
    A : il importe de saisir tous les tenants et aboutissants de la mission
    B : il importe de stimuler la coopération autour de soi

22. Je prends particulièrement le temps
    A : de bien déterminer mes objectifs
    B : de recenser la diversité présente dans mon équipe

23. Lorsque je dois prendre conseil autour de moi
    A : je prends plaisir à être présent sur le terrain
    B : je suis à l'écoute de mes meilleurs alliés

24. J'obtiens un bon climat de travail en
    A : fixant le cadre général du projet
    B : jouant sur la capacité d'engagement de chacun

25. Pour garantir la qualité, il est indispensable de
    A : persévérer
    B : respecter les process

26. Quand il faut aller vite, c'est un atout décisif que
    A : de mobiliser ses savoir-faire
    B : d'avoir une envie viscérale de gagner

27. L'organisation à mettre en place doit particulièrement prendre en compte
    A : les faits et gestes de la concurrence
    B : les motivations d'agir de chacun des coéquipiers

28. Lorsque je dois influer sur la décision de mes supérieurs hiérarchiques
   A : j'engage tous les efforts nécessaires
   B : je suis à l'affût du bon moment pour intervenir

29. Afin de sécuriser mon équipe en début d'année
   A : je fais part de mes profondes convictions
   B : j'apporte toute la chaleur humaine possible

30. Pour informer le plus efficacement mes collaborateurs
   A : j'ai recours aux techniques d'information les plus modernes
   B : je choisis les relais les plus activables

31. Je stimule ma créativité en
   A : recourant aux techniques de *brainstorming* les plus reconnus
   B : prenant les avis de mon entourage

32. Lorsque notre équipe est attaquée par l'extérieur
   A : je réagis rapidement en portant les coups là ou il le faut
   B : je rassemble chacun et fédère les énergies

33. S'entourer, c'est
   A : se préparer à être plus fort
   B : pouvoir disposer de meilleures expertises

34. Quand je dois suivre une formation
   A : je me concentre du début à la fin
   B : je me focalise sur les points essentiels

35. Si je dois démissionner
   A : c'est que j'ai déjà une situation de repli ailleurs
   B : c'est que mon dossier juridique est bordé

36. Si je dois présenter en public élargi des conclusions
   A : je suis particulièrement attentif à mon expression gestuelle
   B : je me suis préparé mentalement

37. Je donne du *feedback* en
   A : réagissant le plus spontanément possible
   B : prenant en compte les besoins actuels de la personne

38. Quand faire un compromis est la seule solution
    A : je maîtrise mes émotions
    B : J'essaie tout de même de profiter de la situation

39. Quand il faut annoncer une mauvaise nouvelle
    A : j'ai bien calculé à l'avance les conséquences
    B : j'organise un rendez-vous en tête à tête

40. Pour éviter le pire
    A : je suis le gardien de la maison
    B : je prépare tout le monde à rebondir

41. Dialoguer, c'est avant tout
    A : anticiper les problèmes
    B : croire dans la vertu de la communication

42. Critiquer, c'est avant tout
    A : respecter le travail
    B : s'intéresser à l'autre

Vos résultats correspondants à vos réponses

Sur le tableau ci-dessous, encerclez les lettres que vous avez entourées pour chaque rubrique du questionnaire.

	1.Stratégique	2.Physique	3.Mentale	4.Technique	5.Tactique	6.Axiologique	7.Collective
1.		A	B				
2.			A	B			
3.				A	B		
4.					A	B	
5.						A	B
6.	A		B				
7.		A		B			
8.	A	B					
9.			A		B		
10.				A		B	
11.					A		B
12.	A			B			
13.		A			B		
14.			A			B	
15.				A			B
16.	A				B		
17.		A				B	
18.			A				B
19.	A					B	
20.		A					B
21.	A						B

	1.Stratégique	2.Physique	3.Mentale	4.Technique	5.Tactique	6.Axiologique	7.Collective
22.	A						B
23.		A					B
24.	A					B	
25.			A	B			
26.				A		B	
27.	A				B		
28.					A	B	
29.			A				B
30.				A	B		
31.				A			B
32.					A		B
33.		A		B			
34.			A			B	
35.	A			B			
36.		A	B				
37.		A			B		
38.			A		B		
39.	A	B					
40.		A				B	
41.	A		B				
42.						A	B
Total							

Nombre total de lettres encerclées par colonne :
D'après notre base de données (étalonnage sur 423 managers français).

Si vous obtenez entre 1 et 4 points, vous pouvez être considéré comme « faible » sur l'intelligence concernée.
Si vous obtenez entre 5 et 8 points, vous pouvez être considéré comme « moyen » sur l'intelligence concernée.
Si vous obtenez entre 9 et 12 points, vous pouvez être considéré comme « fort » sur l'intelligence concernée.

Veuillez ensuite dessiner votre profil global des sept intelligences.

	1.Stratégique	2.Physique	3.Mentale	4.Technique	5.Tactique	6.Axiologique	7.Collective
12							
11							
10							
9							
8							
7							
6							
5							
4							
3							
2							
1							
0							

Exemple d'interprétation

Exemple de profil obtenu (bien vérifier que la somme des points = 42)

	1.Stratégique	2.Physique	3.Mentale	4.Technique	5.Tactique	6.Axiologique	7.Collective
12							
11			X				
10		X					
9							
8							
7	X						
6							X
5							
4				X			
3							
2					X	X	
1							
0							

Commentaire de ce profil (manager de *business unit* d'un groupe agroalimentaire) :
Intelligences saillantes (fort) : mentale et physique
Intelligences saillantes (faible) : technique, tactique, axiologique

Ainsi : énergie, présence dans l'action, volonté, détermination, gestion du stress, ténacité caractérisent le manager dans son management de soi.

Manque de précision, d'adaptation au contexte, d'adaptabilité, de technicité allié à une faible conscience des valeurs d'action risquent de ne pas transformer les projets en réalisations efficaces. Le risque de dispersion des efforts est grand en dépit de l'intensité des objectifs.

Ce manager gagnerait à se faire aider sur les dimensions technique et tactique qui lui permettront de progresser à court terme dans la satisfaction de voir ses envies transformées en résultats concrets.

À vous de jouer. Remplissez les fiches d'intelligence globale ci-après.

Vos points forts

1. Identifiez vos points forts dans chaque intelligence sportive.
2. Tracez une arche d'alliance entre eux et trouvez les liens.
3. Développez vos points forts en vous appuyant sur les autres points forts !
4. Trouvez des situations défis pour développer les points forts et couples de points forts.

Collective
....
....
....

Physique
....
....
....

Technique
....
....
....

Stratégique

....
....
....

Tactique

....
....
....

Mentale

....
....
....

Axiologique

....
....
....

Vos points faibles et à améliorer

1. Notez vos points faibles.
2. Identifiez les liens entre eux et les situations à risque.
3. Cernez vos points faibles en vous appuyant sur vos points forts.

Collective

....
....
....

Physique

....
....
....

Technique

....
....
....

Stratégique

....
....
....

Tactique

....
....
....

Mentale

....
....
....

Axiologique

....
....
....

Vos freins

1. Identifiez les freins à l'expression de vos points forts dans chaque intelligence sportive.
2. Trouvez des solutions pour diminuer les freins et libérer vos points forts.

Collective

....
....
....

Physique

....
....
....

Technique

....
....
....

Stratégique

....
....
....

Tactique

....
....
....

Mentale

....
....
....

Axiologique

....
....
....

Seconde partie

Les quatre intelligences sportives du coach de haut niveau

Le coach sportif est un vrai manager

Dans le sport de haut niveau, le terme de coach est souvent utilisé pour désigner **l'entraîneur principal** qui est le créateur et le réalisateur de la performance de l'équipe dont il a la charge. Cet acteur, constitutif de la compétition, est toutefois un athlète à part entière, même si son métier reste fondamentalement différent, puisqu'il n'est pas lui-même le producteur de la performance. En effet, la préparation du sportif, la planification des entraînements et les choix tactiques déterminent largement les résultats.

Plus qu'un sportif, l'entraîneur qui réussit sa mission est aussi un manager de haut vol, doté des qualités qui lui permettent de sélectionner les sportifs, d'organiser et d'enchaîner les compétitions, de planifier les temps d'entraînement et de récupération, dans le cadre des règles propres à sa discipline et en tenant compte des aléas.

Analyser les situations, faire des choix, évaluer, motiver, communiquer : le coach idéal est véritablement un généraliste de la performance qui doit développer une approche de « gestion » globale, en s'appuyant sur les sept formes d'intelligence de ses athlètes que nous vous avons présentées dans la partie précédente. À lui de les comprendre, de les stimuler, de les mettre en lien et de les révéler afin d'accompagner son équipe dans sa progression pour atteindre les objectifs et les résultats fixés. Un manager à l'écoute ! *« La première responsabilité du coach, c'est d'être tourné vers les autres »*, résume Jean-Claude Massias (tennis).

Tout élément potentiel de progrès de son équipe est de sa prérogative. C'est pourquoi il doit se poser sans cesse des questions et être fondamentalement curieux. Est-ce que j'utilise au mieux le potentiel de l'équipe ? Sinon comment l'améliorer ? Quels sont pour cela les outils à ma disposition, dans mon environnement proche ou ailleurs ? *« Le coach est une plaque tournante. Tout doit l'interroger : la médecine, le matériel, la technique qui évolue en permanence, etc. »*, commente Aimé Jacquet (football).

Quatre formes d'intelligence

Comme l'athlète lui-même, le coach a naturellement son style, ses points forts et ses faiblesses. Dans l'exercice multifacette de son métier, on constate qu'il développe lui-même quatre formes d'intelligence :

• celle d'**entraîneur** symbolise la préparation et l'organisation de l'équipe ;

• celle du **capitaine** symbolise le leadership de terrain ;

• celle du **coéquipier** symbolise la coopération et l'action opérationnelle ;

• celle d'**arbitre-sélectionneur** symbolise les règles et leur application.

Ces quatre formes d'intelligence, que nous allons vous présenter en détail dans les chapitres à venir, correspondent à ses différents rôles auprès des athlètes. On constate qu'elles viennent booster les sept intelligences des athlètes :

• dans son rôle d'entraîneur, le coach tire et stimule l'intelligence technico-tactique des athlètes ;

• dans son rôle de capitaine, il valorise leur intelligence mentale et axiologique (liée aux valeurs) ;

• dans son rôle de coéquipier, il met en mouvement leur intelligence physique et collective ;

• dans son rôle d'arbitre-sélectionneur, il aiguise leur intelligence stratégique.

───────────── Principe-clé ─────────────

Toutes les formes d'intelligence du coach de haut niveau visent à faire réussir autant l'équipe que l'athlète lui-même.

Figure 15 – Les 11 intelligences sportives

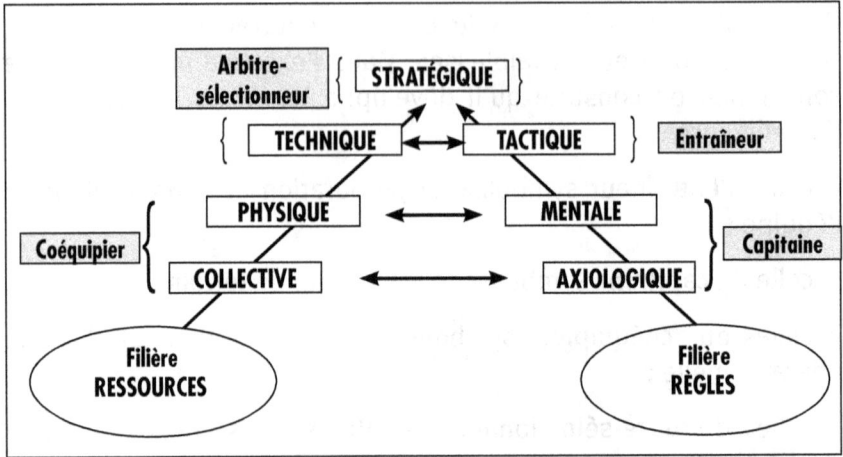

Dans le schéma ci-dessus, le terme « filière » doit être compris au sens de logique, c'est-à-dire comme un ensemble de ressources ou de règles[1] permettant d'atteindre la performance.

Savoir s'entourer et déléguer

Aucun coach ne peut être champion dans toutes les formes d'intelligence ou être expert dans tous les domaines qui influencent la performance sportive. Mais, quel que soit son profil dominant, pour bien jouer son rôle, il doit éviter de s'obséder sur une dimension, au risque de se couper des bienfaits des autres leviers. Il doit notamment prendre garde à ne pas se focaliser sur la dimension technique de la performance, même si elle est le cœur du « business » et, à ce titre, fondamentale dans la réussite de ses sportifs et pour sa propre crédibilité. L'écueil serait alors de faire l'impasse, par exemple, sur la dimension mentale de la performance qui renforce les qualités physiques.

Ainsi, en musculation, on recommande souvent de « sourire l'effort » car cela permet de mieux accepter la charge de travail.

---

1. Au sens d'Anthony Giddens, sociologue anglais fortement inspirateur de la pensée managériale, *op. cit.*

Le résultat du travail est plus élevé et, sur le long terme, cela nourrit l'envie de poursuivre les efforts. L'entraîneur ne doit pas se contenter de forcer le sourire, mais son rôle est de l'éveiller chez le sportif qui va entrer dans cette dynamique. Dans le domaine du management, on peut prendre l'exemple de l'évaluation du collaborateur. C'est un « exercice » difficile qui prend du temps et qui amène à évoquer des éléments négatifs. Si le manager-évaluateur se dit que cela va être un mauvais quart d'heure à passer, il remplira une « feuille à croix » sans aider son collaborateur et, ce faisant, sans se donner les moyens d'accroître la performance de son équipe. S'il se prépare mentalement à l'exercice et s'il ressent l'importance de partager les difficultés de l'exercice avec l'évalué, le binôme sera plus efficace pour le prochain exercice.

Face à un métier exigeant, par excellence, le coach peut donc de moins en moins travailler seul. Il est aujourd'hui obligé de se constituer un *staff* d'entraîneurs multi-compétences voire multi-intelligences. À lui de s'entourer de spécialistes crédibles dans leur domaine et dans lesquels il a toute confiance, puis d'organiser intelligemment leurs rôles, suivant un principe de délégation bien compris. *« J'ai toujours eu autour de moi un staff de quatre personnes : une pour la préparation physique, une pour les gardiens de but, une à la sensibilité relationnelle et un attaché de presse pour maîtriser la communication »*, relate, par exemple, Aimé Jacquet.

Principe-clé

Le coaching sportif de haut niveau devient un sport d'équipe !

DRH : les managers sont bien souvent esseulés dans la gestion de leurs équipes. Comment adjoindre des compétences ?

Coach sportif, manager d'équipe, même combat !

Il existe des analogies très fortes entre le coaching sportif et le management de proximité au quotidien. Ainsi, Valérie Brunel écrit : *« Le monde du travail est devenu un système dynamique, adaptable et créatif. Pour l'alimenter, il faut permettre l'expression de chacun. C'est l'autonomie dans l'interdépendance. On passe d'une logique hiérarchique à une logique d'accompagnement des collaborateurs pour favoriser le développement de leurs capacités d'innovation et d'adaptation. Ainsi, il y a nécessité d'un style de management coopératif, complexe, riche et efficace[1]. »* Et d'ailleurs, ne demande-t-on pas aujourd'hui de plus en plus aux managers de proximité de se comporter comme des coachs vis-à-vis de leurs équipes ? Coach sportif, manager d'équipe, même combat !

Les deux développent des compétences identiques mais dans des domaines techniques radicalement différents. C'est cette barrière technique qui fait que l'un et l'autre ne sont pas substituables.

Allons droit au but ! Le manager de proximité est un coach sportif qui attend de ses athlètes d'entreprise des résultats concrets individuels dont la synergie déclenche la réussite collective. C'est, lui aussi, un généraliste de la performance qui gère une équipe aux expertises complémentaires avec laquelle il passe un contrat de performance et de progression implicite.

Le tableau ci-dessous vous permet de poursuivre l'analogie très concrètement. Vous l'appréhenderez de mieux en mieux à la lecture des chapitres qui suivent.

---

1. Valérie Brunel, *Les Managers de l'âme,* La Découverte, 2004.

Du coach sportif au manager d'entreprise

Tâches du coach sportif	Tâches du manager d'entreprise
Élabore un projet de jeu.	Élabore un projet d'organisation.
Compose un groupe de joueurs et attribue des rôles à chacun.	Compose un groupe de professionnels et définit les postes.
Crée un référentiel commun d'analyses et de décisions sportives mobilisables dans l'action.	Crée un référentiel commun d'analyses et de décisions de réalisation mobilisables dans l'action.
Compose avec les ego des sportifs.	Compose avec les personnalités des membres de l'équipe.
Analyse le jeu et le niveau des équipes concurrentes.	Analyse les stratégies et les offres concurrentes.

Tout manager ne s'improvise pas coach sportif !

Si pertinents et utiles soient-ils, les enseignements du coaching sportif ne sont pas pour autant faciles à mettre en action dans l'entreprise. Ils exigent, pour être payés de retour, un effort d'intelligence et de créativité, mais aussi d'humilité, de la part des managers de proximité. Et que la culture d'entreprise comme les contraintes de l'organisation ne soient pas trop castratrices. Rares sont en tout cas les managers de proximité qui se comportent aujourd'hui comme des coachs de haut niveau avec leurs équipes. En effet, certains agissent encore comme des « petits chefs », attendant tout de leurs équipes, sans jamais se mettre en position d'aide.

Alors que leur mission première devrait être de faire réussir leurs équipes, ils se considèrent encore trop souvent comme des athlètes indépendants des ressources de leurs équipes et jugés comme tels par leur hiérarchie ! Parce qu'ils ont encore une vision traditionnelle du management, reflet ou non de la culture d'entreprise, ou parce qu'ils sont trop coupés des réalités de la performance opérationnelle. Ils n'attendent que les résultats, sont obnubilés par la dimension technique de la performance, et font l'impasse sur les autres dimensions qui la conditionnent. D'autres se mettent carrément en concurrence, sans le dire, avec leurs « experts », car, souvent anciens experts eux-mêmes, ils assument mal leur nouveau rôle qui consiste à faire réussir les autres. En ne voulant pas lâcher prise, ils se comportent comme des athlètes et non comme des coachs !

Notre conviction est que le manager ne devrait pas opposer les choses. Il est autant manager-athlète (s'il en exploite bien les 7 intelligences) que manager-coach (s'il en exploite bien les 4 intelligences).

Le manager a, vis-à-vis de sa performance individuelle, deux casquettes :

- athlète (avec les 7 intelligences de la première partie) ;
- coach (avec les 4 intelligences de la seconde partie).

D'ailleurs, dans les entreprises, on parle de « cadre à haut potentiel » et presque jamais « d'équipe à haut potentiel ». Dans le domaine du sport, ce sont les « grands clubs » qui expriment le mieux cette idée du potentiel collectif sur le long terme au moins sur une grande période (Toulouse dans le rugby, Lyon pour le football, Montpellier pour le handball...).

Il est vrai, aussi, que la position dans l'entreprise des managers de proximité est d'une complexité extraordinaire. Parfois, ils doivent coacher un membre de leur équipe, se mettre à son service, parfois ils doivent être directifs. C'est toute la question du style de management adapté à la situation concrète à gérer[1]. À eux, toutefois, de sortir de la dialectique : hiérarchique, ou prestataire, en s'appuyant sur quelques principes bien maîtrisés. Même s'ils en ont les capacités et l'envie, les contraintes organisationnelles et la pression des objectifs les empêchent toutefois souvent de jouer à fond leur rôle

1. Cf. les travaux de Hersey et Blanchard mais aussi ceux plus récents dans le champ du LMX (Leader Member Exchange).

de coach qu'ils délèguent à des consultants internes ou externes, le temps d'un séminaire ou d'un accompagnement.

À chacun donc de faire au mieux en fonction de ses contraintes ! Nous vous proposons dans cette partie un voyage symbolique dans lequel les managers pourront recueillir des idées-clés et des astuces pour nourrir leur action au quotidien et améliorer leur performance comme celle de leurs équipes.

Figure 16 – L'intelligence sportive du coach

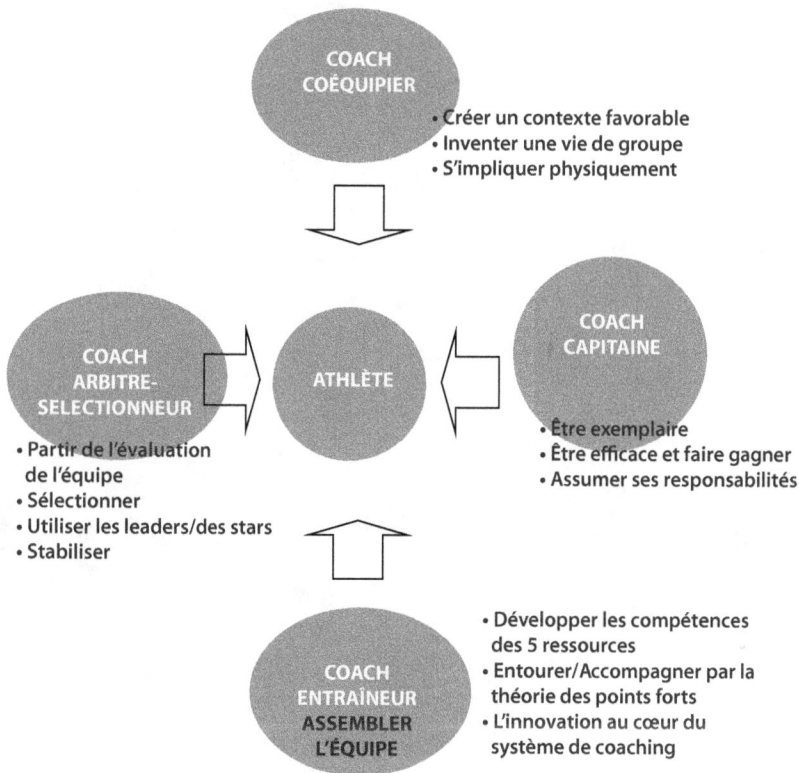

Chapitre 9

L'intelligence du coach-entraîneur, le champion de la préparation

Figure 17 – Le coach-entraîneur

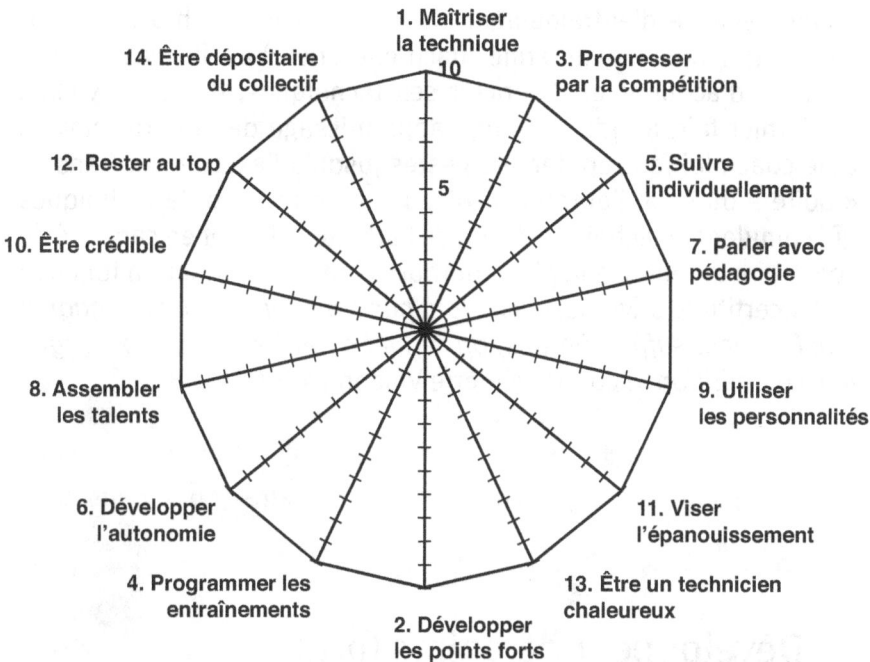

Détecter les talents techniques et réunir l'élite dans un premier temps, puis former, telle est la mission du coach-entraîneur. Champion de la préparation, le coach-entraîneur stimule l'intelligence technique et tactique de l'athlète pour qu'il donne le meilleur de lui-même le jour « J ». C'est donc un accoucheur de talents qui permet à ses « poulains » d'exprimer leurs potentialités en orientant leurs efforts. Il sait aussi organiser l'intelligence collective en répartissant au mieux les rôles en fonction des compétences individuelles et en créant un style tactique commun... Il n'a de cesse d'évaluer et d'observer les progrès accomplis. Il sait remettre en question ses méthodes et sa façon d'être. Sens de la pédagogie, travail, honnêteté, humilité sont ses grandes vertus.

> Si excellent soit-il sur le plan technique, un bon manager se définit tout autant par ses qualités humaines de pédagogue.

① Maître de l'excellence technique

Chaque séance d'entraînement dispensé par le coach-préparateur (véritable synonyme du terme coach-entraîneur) est l'occasion pour l'athlète d'acquérir et d'enrichir ses techniques, de les travailler. Ce dernier fait, au jour le jour, l'apprentissage de la performance. Et le coach lui fait répéter ses gestes jusqu'à l'excellence. Dans sa « boîte à outils », l'entraîneur dispose d'un registre de techniques qui stimulent la technique de jeu de l'athlète et le met en capacité de construire la réponse la plus appropriée pour performer en fonction de l'incertitude adverse. *« Il ne faut pas croire que ce qui fait gagner une fois peut suffire. Parfois, on se met à perdre après avoir gagné une compétition »*, confirme Pierre Villepreux (rugby).

> Comme un coach-entraîneur, je sais évaluer et améliorer le niveau technique individuel. C'est mon rôle de faire répéter jusqu'à l'excellence.

② Développeur de points forts

Jean-Pierre Papin, ancien joueur de football international, n'a cessé de progresser en s'appuyant sur son énorme point fort : son pied droit. Cela ne l'empêchait toutefois pas parfois de frapper du pied gauche. Les coachs de haut niveau recherchent et travaillent toujours les points forts des athlètes, c'est-à-dire leur cœur de compétences, qui tirent la performance vers le haut. Sans être exclu, le travail sur les points faibles est peu prioritaire, car il est impossible de les élever jusqu'au niveau exceptionnel. Le retour sur investissement ne serait donc payant ni pour l'athlète ni pour le coach !

En outre, si l'athlète est trop titillé sur ses points faibles, il risque de perdre confiance et de se laisser dominer par l'adversaire qui sait en jouer. L'important est qu'il les accepte sereinement. C'est alors qu'il commence à progresser. « *Il faut les aborder dans une situation de tranquillité, de relâchement, lorsque le joueur est capable de reconnaître ses lacunes* », précise Aimé Jacquet (football). Dès lors, l'athlète ne risque pas de s'y enfermer !

> Le rôle d'un manager-entraîneur, c'est d'identifier les points forts de ses athlètes symboliques et de trouver des missions qui permettent leur développement.

À moi de jouer

Je peux, moi aussi, créer ma propre théorie des points forts pour mes collaborateurs au lieu de me focaliser sur leurs faiblesses. C'est une nouvelle façon de voir et de pratiquer. Tout peut être différent.

Management de l'équipe
Mes réflexions sur le management des points forts

....

....

....

Management de moi-même
Mes réflexions sur mes propres points forts/faibles en tant que manager

....

....

....

③ Les compétitions, levier de progrès

Le coach-entraîneur se sert largement des compétitions, y compris locales, comme levier de progrès. C'est cette mise en situation exposée et observée qui permet aux athlètes d'exprimer leur potentiel technique et de progresser par émulation. Elle est donc profondément formatrice. Mille ans de coaching ne valent pas 10 matchs !

Créer des jours « J » dans l'entreprise, par exemple en organisant des réunions pour stimuler une préparation de dossier sensible, c'est pour un manager faire preuve d'une intelligence d'entraîneur.

À moi de jouer

Je connais l'importance de la mise en situation, beaucoup plus formatrice que les connaissances et les savoir-faire du « boss ». Ainsi, au lieu d'expliquer pendant des heures, je cherche quelle situation va permettre à mon collaborateur de découvrir, d'apprendre et de progresser. Je tente d'encadrer et de transformer au mieux cette ressource qu'est la mise en situation en apprentissage et en progrès établis. Je suis un accompagnateur de mise en situation.

Management de mon équipe
Mes réflexions sur la mise en situation en management

....
....
....

Management de moi-même
Comme un coach sportif, je me mets moi-même en situation

....
....
....

④ Concocte les programmes d'entraînement *ad hoc*

Pour développer le niveau technique et tactique de ses athlètes, le coach-entraîneur conçoit les programmes d'entraînement qu'il enrichit et remet en cause en permanence pour tenir compte de l'athlète et de l'environnement. Il est à l'affût de tous les petits détails pour grignoter des progrès dans le domaine technique, tactique, mais aussi nutrition, suivi médical, récupération... Mais, rigoureux, il ne se perd pas dans les détails insignifiants pour la performance. *« Un coach doit donc avoir une très bonne connaissance de la discipline :*

l'avoir bien observée sur le plan technique et tactique, connaître le circuit, l'environnement, etc. », affirme Jean-Claude Massias (tennis).

Comme un coach-entraîneur, je ne suis pas qu'attentif aux résultats de mon équipe, je sais aussi concocter des programmes de préparation, car la performance vient de quelques détails qui font la différence.

Principe-clé

Un coach recherche le détail stratégique qui apportera un plus à l'ensemble de la performance.

⑤ Réalise un suivi individualisé

Mais si le coach-entraîneur favorise l'expression de la personnalité de ses athlètes et les innovations, il sait aussi les canaliser vers le but recherché. À la passion, il oppose un professionnalisme forcené ! Un professionnalisme qui se traduit par des conseils personnalisés à l'athlète et un suivi individuel. *« Je m'adapte tout le temps à la personnalité, certains aiment être bousculés, d'autres qu'on joue la sympathie,* explique, par exemple, Aimé Jacquet. *C'est tout un processus relationnel qui demande énormément de travail et d'efforts personnels. »*

Exemple d'un suivi individuel par un chef de vente

Nom :	Fiche athlète-vendeur
Personnalité	Caractérielle, empathique…
Profil	Attaquant / défenseur / milieu de terrain / gardien
Points forts techniques	Accueil du client, connaissances des produits
Points faibles techniques	Difficulté à conclure/dispersion dans la conduite de l'entretien

| Autodiagnostic | Comment voit-il sa performance ? son échange ? |
| Diagnostic à partir d'une action concrète (contexte) | Contexte : client sous tension Observation : crispation sur une objection… |

6 Favorise l'autonomie de l'athlète

Si le coach est au service de l'athlète et de son excellence technique, il ne néglige pas, par nécessité pédagogique, de créer l'espace pour que ce dernier s'exprime en toute autonomie. *« Un très grand entraîneur n'entretient pas des relations de dépendance,* explique Robert Poirier (athlétisme). *Il accompagne plus qu'il ne dirige. Il s'efface derrière son athlète. Il entretient un dialogue permanent. »* Le coach-entraîneur doit tout faire pour être supplanté et dépassé par son athlète ! *« Certains très grands coachs sont capables de dire à un sportif : "Écoute, on est au bout de notre histoire, il faut que tu ailles au-delà de ce qu'on fait aujourd'hui." »,* relate Michel Cogne (volley).

Cette humilité du coach-entraîneur est fondamentale. *« Quand il prend la grosse tête, le contrat est rompu »,* juge Claude Fauquet (natation). Cette humilité découle de la conscience de son rôle et de sa valeur ajoutée. En effet, si son soutien est précieux, il sait que l'athlète est le premier artisan de sa performance. Ainsi, l'humilité s'appuie-t-elle sur le respect de la compétence de l'athlète.

─────────── Principe-clé ───────────

Un coach-entraîneur met tout en œuvre pour être supplanté par son athlète !

Comme un coach-entraîneur, je n'ai pas un ego démesuré. J'accepte que les membres de mon équipe soient excellents sans en prendre ombrage.

⑦ Maître pédagogue

Pour arriver à ses fins techniques, le coach-entraîneur sait expliquer les enjeux du sport de haut niveau et transmettre les principes de jeu, les fonctionnements attendus, les convictions fortes aussi. *« Pour transmettre, un coach doit se faire comprendre et accepter. Cela suppose qu'il soit capable d'établir des rapports de confiance, donc qu'il ait un vrai charisme »*, estime Claude Fauquet (natation). C'est donc un vrai pédagogue aux vertus multiples : travail, patience, sens des responsabilités, réceptivité au groupe. Les meilleurs coachs sportifs se comportent d'ailleurs exactement comme des éducateurs de jeunes adultes !

À moi de jouer

Que je sois naturellement pédagogue ou non, j'intègre cette notion dans mon management d'équipe et pour moi-même.

Management de l'équipe
Mes réflexions personnelles en tant qu'entraîneur pédagogue de mon équipe

....
....
....

Management de moi-même
Mes réflexions sur ma propre progression technico-tactique, en tant qu'entraîneur de moi-même

....
....
....

⑧ Assembleur de talents

Dans les sports collectifs, le coach-entraîneur sait partir des compétences individuelles pour organiser et répartir les tâches au sein de l'équipe. *« Il crée un cadre de jeu qui permet à tous les joueurs d'être en pleine osmose et ainsi à l'équipe de se surpasser »*, confirme Aimé

Jacquet. Le coach-entraîneur est donc un systémicien qui sait utiliser les différentes intelligences (physique, technique, stratégique, mentale, tactique, collective et axiologique) présentes au sein de l'équipe pour parvenir à l'efficacité globale.

Ainsi, un point faible individuel peut être complètement compensé grâce à l'organisation mise en place. De même, un simple petit changement chez un coéquipier peut avoir un impact sur plusieurs autres ou sur l'équilibre collectif. *« Le plus important, ce n'est pas d'avoir de grands joueurs, mais que l'assemblage soit réussi »*, dit encore Aimé Jacquet.

À vous de partir de l'évaluation des compétences individuelles pour établir un projet collectif d'organisation et de fonctionnement. Ainsi, une équipe de commerciaux est engagée dans une action individuelle et collective. L'organisation de la prestation commerciale peut se fonder sur une analyse des différents profils. Certains vendeurs peuvent avoir un comportement très individualiste et conquérant : les attaquants. D'autres vont privilégier l'échange et la coopération avec les clients : les milieux de terrain. Un troisième groupe peut entretenir des rapports très collectifs qui fidélisent : les défenseurs. Enfin, un groupe de vendeurs peut être précieux dans la défense des valeurs de l'équipe et de ses clients importants : les gardiens de buts.

Utilise à fond la personnalité

Au-delà du développement des compétences techniques et tactiques de l'athlète, le coach-entraîneur est attentif à l'expression de la personnalité et du style propre de ses coachés, fondamentaux dans la trajectoire de progrès ! *« Le coach-entraîneur a la capacité de détecter une personnalité naissante et de l'accompagner quand elle se transforme en athlète de haut niveau »*, confirme Claude Fauquet (natation). Il laisse s'exprimer la différence, voire l'excentricité des athlètes, même s'ils sont difficiles à gérer. Ce sont des champions en herbe capables de faire des choses différentes. Cela serait une hérésie de chercher à les normaliser, car les traits saillants sont potentiellement des points forts !

Principe-clé

Au-delà de la technique, le développement de la personnalité de l'athlète est un acte stratégique d'entraînement.

À moi de jouer

Je vois comment l'expression de la personnalité de chacun de mes athlètes symboliques peut contribuer au développement des compétences de mon équipe et je fais tout pour la favoriser. J'accepte les fortes personnalités au lieu de les considérer comme une contrainte. J'encourage la différence, en oubliant mes vieux réflexes de clonage.

Management de l'équipe
Mes réflexions sur le management des personnalités
....
....
....

Management de moi-même
Mes réflexions sur ma propre personnalité en tant que manager
....
....
....

Justement, il stimule les innovations, les nouvelles façons de faire. Et certains athlètes en sont spontanément particulièrement friands. Ainsi Fosbury inventa une façon différente de sauter, Zidane imposa la roulette comme arme de dribble. Il appartient au coach d'identifier ces sportifs atypiques qui ont la capacité d'inventer des gestes radicalement nouveaux. Mais, c'est aussi son rôle d'encourager tout athlète dont il a la charge à innover en fonction de son style propre, en voyant ce qu'il est capable de faire.

> En tant que manager, j'encourage les membres de mon équipe à développer leurs propres innovations. C'est stratégique aujourd'hui pour les entreprises.

⑩ Assoit sa crédibilité

Cette magie de la performance individuelle et collective n'est possible que si le coach-entraîneur est crédible aux yeux des sportifs de haut niveau. C'est-à-dire s'il est capable d'asseoir la confiance des athlètes dans sa capacité à les emmener dans une trajectoire de résultats opérationnels récurrents. Il signe ainsi son professionnalisme. Sinon, tout s'effondre. Être un ancien athlète de haut niveau peut être un atout indéniable au début de sa carrière, mais c'est sa pratique de métier qui lui apporte sa crédibilité dans la durée : ses résultats en tant que coach, son parcours, son image dans la discipline et les retours des athlètes qui ont travaillé avec lui.

> Ce n'est pas parce que je sors du sérail que ma crédibilité est définitivement acquise. C'est parce que je dois réussir.

À moi de jouer

Je sais que ma crédibilité est la condition *sine qua non* pour que je remplisse mon rôle de manager.
Management de mon équipe
Mes réflexions sur ma crédibilité professionnelle

....
....
....

Management de moi-même
Mes réflexions sur ce qui fonde ma crédibilité et ce qui pourrait la conforter

....
....
....

🕚 Au service de l'épanouissement professionnel

Par son travail très complet sur la technique et la personnalité, le coach-entraîneur stimule le potentiel... et l'ambition des athlètes à grandir. C'est son but sportif ! L'épanouissement personnel de l'athlète est donc bien en jeu dans le travail du coach-entraîneur. Sans rien dire de façon explicite, il amène son athlète vers l'expression totale et pleine de son potentiel. Il s'agit bien de produire chez lui un fort sentiment de satisfaction personnelle à travers la réussite professionnelle.

Cette émotion positive est aux yeux du coach-entraîneur une rétribution puissante de l'effort fourni qui incitera les autres sportifs à se dépasser à leur tour. Les spectateurs perçoivent cette réalisation du potentiel qu'ils attendent eux-mêmes patiemment, comme le coach. Ce sentiment d'épanouissement par procuration se retransmet dans leur propre discipline professionnelle, en renvoyant une image du héros.

> Y a-t-il pire sacrilège que de laisser des potentiels sans expression ? Le coach que je suis refuse les sempiternelles excuses et fausses contraintes...

À moi de jouer

Je sais que l'épanouissement professionnel est le but de toute activité et au cœur de mon rôle de manager.

Management de mon équipe
Mes réflexions sur l'épanouissement professionnel

....
....
....

Management de moi-même
Mes réflexions sur mon propre épanouissement professionnel

....
....
....

⑫ « Reste dans la course »

Pour rester dans la « course », le coach-entraîneur doit se former, et pas simplement à la technique, même si la passion et la pression à laquelle il est soumis peuvent être des freins à l'ouverture. « *Plus il est pointu techniquement, plus il doit être ouvert en matière de management*, juge Philippe Omnès (escrime). *Il faut l'amener à réfléchir sur l'accompagnement des autres dans un projet concret et à s'ouvrir sur nombre de domaines, comme l'art, l'enseignement ou l'industrie qui vont l'enrichir personnellement et le rendre intelligent sportivement.* »

⑬ Technicien et manager chaleureux

« *Nous travaillons sur le confort des joueurs et sur les contextes qui le favorisent. Par exemple, pour les moins de 15 ans, nous regroupons les 20 meilleurs dans un stage à la Fédération, qui sont encadrés par des cadres impliqués* », explique Fabien Canu (judo). Un coach-entraîneur sait que, pour faire fructifier les compétences techniques d'un athlète de haut niveau, il doit tenir compte de sa personne, l'encadrer humainement, avec un certain niveau de confort et de stabilité. En effet, le dépassement de soi et l'intensité du travail rendent indispensable cette approche qui permet à la personnalité de s'épanouir dans un cadre chaleureux, tout en facilitant sa connaissance et son accompagnement par le staff.

Principe-clé

Un technicien sait aussi mettre entre parenthèses la technique !

En tant que manager, interrogez-vous, vous aussi, sur ce qui permettrait de créer un contexte personnel favorisant le bien-être... pour la performance durable.

🄭 Dépositaire du collectif

Le coach-entraîneur ne fait pas qu'assembler les talents, il sait aussi les préparer à être collectivement et tactiquement performants lors des compétitions en jouant sur deux leviers. D'abord, en bon pédagogue, il transfère aux joueurs, qui n'ont pas tous le même niveau d'expertise, l'essentiel des schémas conceptuels de la réussite collective : vision globale de la performance et contribution individuelle de chacun. En outre, il instaure, au cours des entraînements successifs, un style collectif, entre conviction et réalisme, qui permet à chacun de comprendre les réactions des autres membres de l'équipe et de développer les réactions de jeu appropriées. *« Les intelligences individuelles se cumulent au service de la performance collective,* précise Michel Cogne (volley). *L'entraîneur-coach est le dépositaire de l'intelligence collective. »*

Et vous ?

Sens de la pédagogie, art de guider gestion des compétences, perfectionnisme technique, la proximité, la patience, l'humilité. Avez-vous un profil de coach-entraîneur ? Pour le savoir, faites le test en fin d'ouvrage.

Chapitre 10

L'intelligence du coach-capitaine, le leader tout-terrain

Figure 18 – Le coach-capitaine

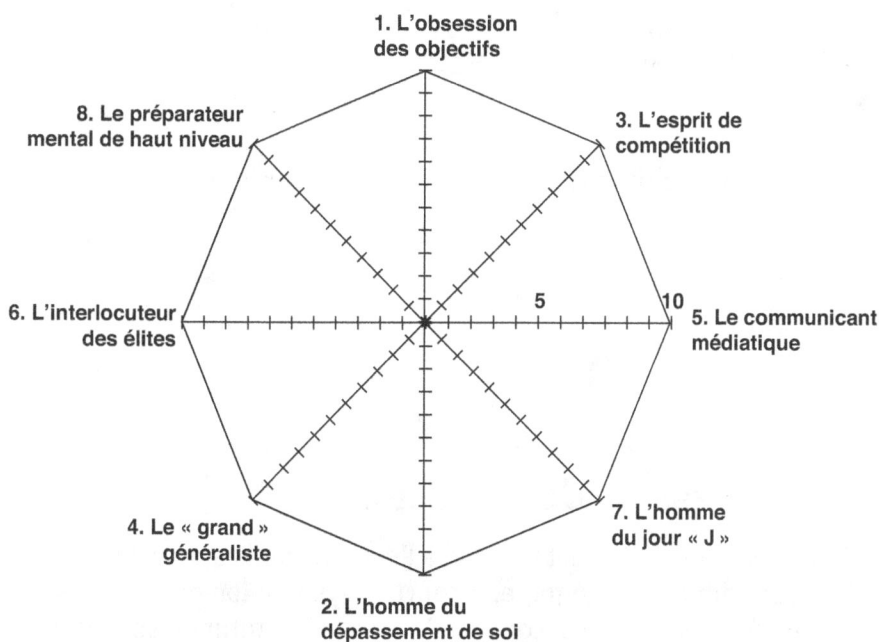

Chargé d'insuffler des valeurs de performance à son poulain ou son équipe et de les mettre en position d'utiliser au mieux leur potentiel, l'entraîneur-capitaine est un authentique leader, un symbole à part entière qui fait agir, en particulier via la représentation de son rôle. Il est le coach du jour « J » de la compétition, mais aussi des différents moments forts de la vie de l'athlète ou du team. Il ne remplace pas le capitaine opérationnel de l'équipe, mais adopte son intelligence de rôle durant tout son « coaching ». Il stimule, au premier chef, le développement de l'intelligence mentale et collective du sportif de haut niveau dont il connaît à fond les ressorts. Avec clairvoyance, il domine les situations et sait faire agir pour emporter la victoire. *« Le métier de coach est extrêmement exigeant. Si on veut être le leader, on doit tout maîtriser »*, résume Aimé Jacquet (football).

Afin de tenir sa position de leader, l'entraîneur-capitaine doit être exemplaire et s'investir à fond, en d'autres termes travailler dans l'excellence ! En effet, il n'obtiendra ce qu'il attend de ses athlètes que s'il est lui-même à la hauteur de ses exigences. C'est la péda-gogie du mimétisme ! *« En effet, les joueurs épient le coach pour savoir s'il assume effectivement ce qu'il dit »*, reconnaît Jean-Pierre de Vincenzi (basket).

Principe-clé

L'intelligence du coach-capitaine, c'est l'intelligence du leadership.

Le « manager-capitaine » permet à son équipe d'accéder à son plus haut niveau de performance le jour « J ».

❶ L'obsession des objectifs

L'entraîneur-capitaine est focalisé à l'extrême sur les objectifs à réa-liser par l'athlète ou l'équipe, à court, moyen ou long terme. Il en a une grande clairvoyance, comme s'il projetait le futur de son équipe et des écueils comme des opportunités à traverser pour les réaliser. *« Ce temps d'avance lui permet de bien faire comprendre aux joueurs que ce sont eux les vrais décideurs »*, affirme Aimé Jacquet (football). Cette position, loin d'être dictatoriale ou dirigiste, permet de créer une référence commune.

Ces objectifs doivent être précis, clairement affichés et martelés sans cesse. *« Il ne faut pas se tromper sur les objectifs, c'est facile d'en fixer des inatteignables ! »*, fait valoir Jean-Pierre de Vincenzi (basket). L'entraîneur-capitaine sait mobiliser les athlètes dans le sens de la performance, justement parce qu'il a cette capacité de ne jamais perdre de vue les objectifs.

> Le management par objectifs est parfaitement décliné par un responsable « profil capitaine ».

② L'homme du « dépassement de soi »

Faire mieux quand on est déjà à un maximum par rapport à soi-même ne va toutefois jamais de soi. C'est pourtant un exercice indispensable. *« Une équipe qui n'est pas capable de se transcender, de jouer au-dessus de son potentiel ne gagne pas. Et, à un moment donné, elle chute,* observe Jean-Claude Massias (tennis). *C'est le rôle du coach-capitaine que d'aider son team à se dépasser. La capacité de transcender ses joueurs est l'une des compétences du coach de très haut niveau »,* dit-il encore.

Comment s'y prend-il ? En quelque sorte en proposant à ses athlètes de s'investir dans un projet de dépassement de soi pour eux-mêmes, leur coach et leurs coéquipiers. Il obtient cette mobilisation de l'énergie vitale en travaillant avec eux sur l'intériorisation de trois croyances :

- on peut gagner sans être habituellement le meilleur techniquement ;
- on peut largement dépasser son niveau habituel ;
- on peut décider de le faire aujourd'hui, ici et maintenant.

Cette foi est la clé de la réussite des athlètes pour Jean-Claude Massias. *« Quel que soit leur niveau à un moment donné, accomplir l'exploit est possible à condition qu'ils croient que c'est véritablement possible. Les plus grandes victoires sont souvent obtenues parce qu'on dépasse son niveau normal »,* constate-t-il.

③ L'esprit de compétition

Pour le coach-capitaine, c'est dans l'espace-temps de la compétition que se joue l'essentiel. La préparation, la vie de groupe hors terrain, la stratégie, etc., sont, à ses yeux, largement secondaires. C'est parce qu'il ressent particulièrement la compétition et son caractère agressif, qu'il est en posture de transmettre son énergie et de stimuler les valeurs d'hyper-compétition. *« Un coach doit vraiment former les joueurs et atteindre son mandat : faire gagner »*, estime Michel Cogne (volley). Durant la compétition, il sait susciter chez les joueurs ce comportement gagnant.

À l'image de la bataille, l'entraîneur-capitaine a lui-même un tempérament offensif. Pour susciter la performance, il peut être provocateur, agressif, acide, décapant. Il fait feu de tout bois ! Mais il sait aussi être rassurant à d'autres moments, quand son équipe est découragée ou en danger. En jouant sur plusieurs registres, il montre sa maestria psychologique !

À moi de jouer

Quand les situations imposent que j'endosse l'intelligence du capitaine, je ne vois plus que la compétition. Je deviens le leader des valeurs de la « gagne » pour mener mon équipe à la victoire. Rien d'autre n'est vraiment important dans ces instants. Alors oui, je suis plus qu'exigeant et fais tout mon possible pour mobiliser mes « athlètes » de façon viscérale vers l'atteinte de l'objectif.
C'est vrai, tous ne sont pas nécessairement de grands compétiteurs, mais je fais mon possible pour les aider à le devenir. Et le travail n'est jamais vraiment fini. Même pour moi-même ! Je ne peux tenir ma position qu'en étant exemplaire. Je me prépare aussi à sortir des situations de compétition, pour revenir à une position de coach-entraîneur.

Management de l'équipe
Mes réflexions sur le développement des valeurs de compétition chez mes athlètes symboliques

....
....
....

Management de moi-même
Mes réflexions sur mes propres valeurs de compétition en tant que manager

....

....

....

④ Le « grand » généraliste

L'entraîneur-capitaine n'est pas que le leader de son équipe, c'est aussi celui des spécialistes dont il s'entoure pour composer son propre staff : psychologue, médecin, responsable de communication, équipementiers... En bon généraliste, il valide que leurs expertises correspondent bien aux besoins de son équipe et développe des hypothèses de travail et d'action qu'il intégrera ou non dans le dispositif global de préparation. Tout en faisant en sorte qu'ils expriment au mieux leurs compétences et jouent pleinement leur rôle, il coordonne les phases du travail des spécialistes tout en conservant sa position de leader et un contact extrêmement privilégié avec son team. Une alchimie subtile que Jean-Claude Massias (tennis) met en lumière pour sa discipline. *« Le spécialiste ne doit pas remplacer l'entraîneur qui est la plaque tournante. Ce dernier doit saisir tous les leviers pour faire progresser le joueur : la médecine pour mieux récupérer, la meilleure raquette, sa technique, sa surface, son poids... Tout l'interroge »*, juge-t-il.

Une position qui n'est pas si aisée à tenir pour l'entraîneur, compte tenu de la survalorisation de l'expertise dans certaines disciplines et des contraintes énormes qui pèsent sur son poste : financières, réseau, temps, compétences, pression... Il n'a pourtant pas le choix. C'est bien grâce à sa vision globale que le coach-capitaine intervient au mieux dans le cycle de la performance.

───────── Principe-clé ─────────

Le coach-capitaine de haut niveau est un expert de la performance globale !

À moi de jouer

Je suis aussi un capitaine en dehors du terrain, un généraliste qui intègre différentes expertises pour diriger mes « athlètes » vers la haute performance. Cette compétence de généraliste me permet de pleinement investir mon coaching de capitaine ! Mes athlètes et mon staff l'attendent.

Management de mon équipe
Mes réflexions sur le management « généraliste »

....
....
....

Management de moi-même
Mes réflexions sur mes compétences en tant que généraliste

....
....
....

⑤ Un communicant médiatique

L'aura médiatique contribue à la performance d'une équipe en boostant son moral et sa rage de vaincre. En outre, une grande partie des ressources financières du sport de haut niveau tient également à la capacité à être médiatisé, c'est-à-dire à susciter et à développer l'attention. La gérer est donc une des dimensions du métier du capitaine qui est le représentant symbolique et l'interlocuteur privilégié des médias. À charge pour lui d'exposer son équipe et de valoriser son travail en tenant compte des attentes de chaque média. C'est d'ailleurs pourquoi un responsable de la communication est intronisé dans le staff d'experts dans les équipes les plus exposées.

Pour autant, l'entraîneur ne doit pas accaparer la médiatisation des athlètes. Comme un acteur, il doit apprendre les contours de son rôle de communicant et ses limites. Quand il prend la « grosse tête » et devient lui-même objet de la « starisation » à la place de l'athlète, le contrat de coaching est rompu. Dans notre société médiatique, c'est un risque lorsque l'entraîneur ne fait pas preuve d'intelligence, d'honnêteté ou d'humilité. Attention également à ne pas franchir la ligne rouge avec les médias en jouant malhonnêtement avec eux ou en faisant « copain-copain ».

Tout cela montre combien l'entraîneur-capitaine médiatique est exposé. Et il n'est pas rare qu'il doive faire face à de nombreuses critiques, justes et injustes. « Jouer » dans un domaine très éloigné du sport est un exercice difficile auquel les entraîneurs sont de plus en plus confrontés avec l'élévation de l'exposition médiatique et les enjeux économiques croissants. Le *media training* et le travail étroit avec les responsables de communication se révèlent être de bons outils pour les préparer.

À moi de jouer

Je suis un capitaine médiatique. C'est sur moi que repose la valorisation de mon équipe. Chacun bénéficiera de la communication que j'ai pu mettre en place.

Management de mon équipe
Mes réflexions sur la communication et l'exposition de mon équipe (en interne, dans mon entreprise, ou bien en externe)
....
....
....

Management de moi-même
Mes réflexions sur mon style, mes intentions et actions
....
....
....

⑥ L'interface avec les élites

En tant que leader, l'entraîneur-capitaine représente aussi en interne son équipe auprès de sa structure sportive il doit parler projet sportif au staff technique, budget aux dirigeants... En externe, en véritable ambassadeur de son team, il nourrit un dialogue fourni avec les institutionnels, les médias, nous venons de le voir, mais aussi les pouvoirs publics comme les entreprises. À un niveau de plus en plus élevé. En effet, aujourd'hui, les performances sportives ont une influence sur la capacité d'un pays à internationaliser son économie et à entrer en relation avec les autres états. Le sport de haut niveau permet en effet de développer des liens plus profonds avec les acteurs internationaux. Les occasions de côtoyer les ambassades, les collectivités locales, l'Élysée sont nombreuses.

C'est tout un art de travailler avec les élites, selon des registres à chaque fois adaptés. L'entraîneur-capitaine doit posséder des expertises multiples, une force de conviction, une aptitude à la communication, de la rigueur, une capacité à résister à la pression, aussi. Des compétences qui le font ressembler comme un frère siamois à un manager de haut niveau ! D'où l'importance pour lui de se former pour intégrer les meilleures pratiques dans les autres sports, mais aussi dans les autres sphères. Ce qu'explique très bien Pierre Villepreux (rugby) : « *L'expérience est fondamentale*, dit-il. *Une formation de qualité des entraîneurs passe par leur apprentissage des autres domaines sportifs, mais aussi artistique, technique, industriel, etc.* »

⑦ L'homme du jour « J »

À charge pour le coach-capitaine de créer par son discours le jour « J » un contexte favorable à la performance. Il va expliquer à son équipe qu'elle vit une aventure unique et extraordinaire qui fait rêver, qui fédère aussi. Voici les trois clés de son discours « magique » avant une compétition :

« – *Cet instant est unique, déterminé par aucun autre. Personne n'a vraiment vécu cette expérience ;*

– *Cet instant est magique, on peut décider qu'il soit fou, donc en dehors du cadre habituel ;*

– *Cet instant est à nous, vous devez me croire : c'est possible d'y arriver.* »

Certes, ces incantations hors contexte pourraient faire sourire. Par contre, immergées dans une préparation de haut niveau, elles peuvent se révéler très efficaces. *« Quand on participe à une compétition, il y a toujours un moment où l'on se demande comment on fait pour passer. Il y a tellement peu de place, et, pourtant, on passe ! Ce n'est possible que lorsqu'on a vraiment le rêve dans la tête et la quasi-certitude que sa réalisation est possible ! »* dit Fabien Canu (judo). Dans le feu de l'action, le coach-capitaine n'est plus là, le mental de l'athlète prend le relais...

Coach de la carrière

Hors du temps de la compétition, le coach-capitaine sait aussi intervenir judicieusement pour booster l'athlète, sur ses choix de carrière par exemple, en faisant émerger son projet personnel, en l'orientant, en l'aidant à faire des choix à un moment où il doute peut-être. Les périodes de questionnement sont souvent vécues comme des opportunités d'intervention pour apporter une valeur ajoutée au sportif.

À moi de jouer

Je connais l'importance des moments forts, des climats non ordinaires où les acteurs de l'entreprise basculent vers la haute performance. Ces instants, je les attends avec impatience, car ils font partie de ma motivation en tant que coach. Alors, je sors mes tripes et ma casquette enduite d'intelligence... de capitaine ! J'affronte ce moment avec enthousiasme et le scelle dans la réussite.

Management de mon équipe
Mes réflexions sur les jours « J » de mes athlètes symboliques

....
....
....

Management de moi-même
Mes réflexions sur mes propres jours « J »

....

....

....

⑧ Un préparateur de haut niveau

Pour « chauffer » les athlètes et les élever graduellement vers la performance, l'entraîneur-capitaine sait faire preuve de psychologie. Ce rôle est particulièrement bien décrit par Claude Fauquet (natation) : *« L'entraîneur-capitaine possède un baromètre d'ambiance dans la tête qui lui permet de donner un ton, de savoir faire passer l'émotion et, à un moment donné, faire décrocher la lune. »* Pourtant il n'a pas forcément besoin d'être charismatique pour jouer ce rôle. Le tout est qu'il soit cohérent, convaincant et capable de transmettre, comme le fait valoir Philippe Omnès (escrime) : *« Il n'est pas forcément un meneur, mais il connaît bien les hommes et sait les influencer pour les conduire sur une trajectoire de victoire. »*

Sur le terrain, pour bien tenir son rôle, l'entraîneur-capitaine doit décider vite et sous pression. Il doit donc avoir un mental de fer doublé d'une solide expérience et de connaissances *ad hoc*. *« À un certain niveau, il est important d'avoir été confronté aux choix qui amènent la performance »*, relaie Michel Cogne (volley). Et pourtant, dans l'espace-temps réduit de la décision, il sait douter avec confiance... avant de trancher. *« Quand il prend une option, il se demande toujours : Est-ce que je ne suis pas dans l'erreur ? »* confirme Patrick Cluzaud (cyclisme). Bel exercice d'équilibriste !

Et vous ?

La rage de gagner, l'exemplarité, l'implication, l'action, le sens de l'adaptation, l'intelligence tactique, la rapidité d'exécution. Avez-vous le profil d'un coach-capitaine ? Pour le savoir, faites le test en fin d'ouvrage.

Chapitre 11

L'intelligence du coach-coéquipier, le coopérateur dans l'action

Figure 19 – Le coach-coéquipier

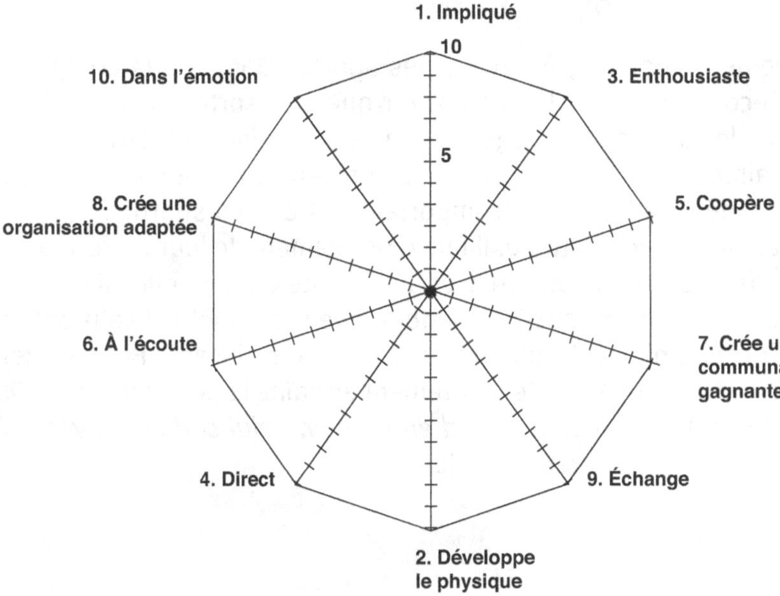

Le terme anglais de « coéquipier » est *team mate*. Il évoque symboliquement une personne qui fait partie intégrante d'une équipe. Et, de fait, le coach-coéquipier est très impliqué et particulièrement centré sur les autres qu'il sait motiver et faire avancer, en privilégiant la coopération. En osmose parfaite avec son métier et ses athlètes, il communique son enthousiasme et sa passion. Si le coach-capitaine est centré sur les objectifs et la « gagne », le coach-coéquipier se rappelle en permanence l'importance des déterminants internes et personnels de la performance : rester dans le plaisir, les sensations, l'état émotionnel adéquat, toujours à l'écoute de son corps. C'est toutefois un bourreau de travail exigeant qui sait développer et mettre en action le potentiel physique de ses athlètes. Attention, cependant, aux dérives fusionnelles de ce type de coaching !

Principe-clé

Le coach-coéquipier est le partenaire corporel de travail.

---

① Totalement impliqué

Totalement impliqué, à l'instar des sportifs dont il a la charge, le coach-coéquipier est lui-même, en quelque sorte, un coéquipier comme les autres. Il partage les joies et les peines du terrain, parce qu'il aime jouer à faire jouer ! Très présent dans la vie collective, il peut même adopter les comportements de ses sportifs, avec un mimétisme caractéristique. Il fait véritablement de leur performance une affaire de reconnaissance et de réussite personnelle, si ce n'est parce qu'il a un ego aussi développé que ses athlètes ! Le profil du coach-coéquipier est souvent jugé très convaincant. Pour Fabien Canu (judo), sa qualité d'encadrement entraîne la performance. *« On ne peut pas réussir sans grand entraîneur. Celui-ci doit s'investir à 300 % et montrer l'exemple »*, juge-t-il.

> Comme mes athlètes symboliques, je m'investis à fond dans mon poste. Je veux réussir et faire réussir. Pour cela, j'ai une grande proximité avec eux. Je suis au milieu d'eux et partage les difficultés liées à une dose de travail parfois extrême.

② Un développeur du physique

Le corps représente la capacité d'action des sportifs. Faire s'exprimer les conditions de la performance, en tenant compte du potentiel et de la forme physique de ses athlètes fait partie de la mission dont le coach-coéquipier se juge investi. Sa proximité avec l'équipe lui permet d'identifier et de travailler les ressorts physiques de chacun, tout en tentant de développer les sensations de plaisir liées à l'exercice sportif.

À lui d'adapter les modes de préparation, en évitant le jusqu'au-boutisme que pourrait lui dicter sa passion. Vouloir bâtir de super « bêtes physiques », à force de travail empreint de stakhanovisme est dangereux, car la machine peut casser ! Ce n'est malheureusement pas rare. Les sportifs blessés ou « hors circuit » sont légion. La qualité de travail et les temps de récupération comptent tout autant que le volume abattu. *« On peut s'entraîner beaucoup, la performance ne se développe jamais sans qualité »,* confirme Pierre Villepreux (rugby). Au coach-coéquipier de posséder des connaissances en physiologie, en diététique, en médecine, etc., pour faire les bons dosages.

Si dans le sport de haut niveau, le physique est un sujet de préoccupation majeur, dans l'entreprise, par contre, il représente plutôt un tabou, alors qu'il influe directement sur les capacités de production individuelles et que les charges de travail sont de plus en plus importantes... À vous, au moins, de ne pas trop tirer sur la corde !

À moi de jouer

Je dois être proche de mes équipes pour évaluer si leur charge de travail est équilibrée, être sur de la qualité de mes « entraînements » et avoir des retours sur leurs sensations. De cette façon, elles sentent aussi que je suis à leur côté.

Management de l'équipe
Mes réflexions sur mon management de proximité

....

....

....

Management de moi-même
Mes réflexions sur le respect de mes propres rythmes

....

....

....

❸ Communique l'enthousiasme et le plaisir du métier

Implication et enthousiasme vont de pair. Le coach-coéquipier sait communiquer la passion du métier, si ce n'est parce qu'il l'a généralement exercé dans le passé. Non seulement il a le vécu, mais il a gardé en lui la fraîcheur et la fougue de l'athlète qu'il fut dans sa jeunesse. Des immenses ressources pour son coaching. *« Il est capable de provoquer des grandes émotions et donne envie de décrocher la lune »*, dit Fabien Canu (judo). Le plaisir est le moteur de son action. *« Enjoy your game »* pourrait être son slogan. Rien n'est plus efficace aux yeux du coach-coéquipier que de travailler en s'amusant. En effet, les états de joie créent une complicité tacite, évitent les longs discours explicatifs, permettent de prendre du recul, de se relâcher, mais aussi d'endurer des charges de travail élevées. Il ne s'agit pas d'un simple plaisir ludique, mais aussi d'exigence partagée et de réussite.

Vos managés ressentent, eux aussi, lors de la réalisation des projets collectifs, des sensations extraordinaires liées au plaisir, à la compréhension, aux progrès enregistrés, etc. C'est vrai dans toutes les disciplines : finance, marketing, commercial, conseil… À vous de savoir les valoriser !

Pour donner le meilleur de lui-même, le coach-coéquipier doit toutefois ne pas se laisser dévorer par sa passion, au risque de développer des comportements fusionnels et tyranniques, source de stress pour ses athlètes… et de démotivation à la longue !

À moi de jouer

J'aime profondément le métier de l'équipe que je manage. Je suis le premier supporter de mes coéquipiers. J'ai soif de réussite personnelle et collective. Le plaisir est notre moteur à tous. Mais, parfois, je suis si impliqué que j'en deviens stressé et parano, pour tout et n'importe quoi. Je dois faire attention à ne pas dépasser les limites de l'implication, ce qui amènerait une pression trop importante.

Management de mon équipe
Mes réflexions sur le management d'implication

....
....
....

Management de moi-même
Mes réflexions sur ma propre implication en tant que manager

....
....
....

④ Adopte un style de communication simple et direct

Son va-tout pour faire passer ses idées, c'est son style de communication simple et direct. Ne faisant pas le même métier que ses athlètes, il sait qu'il doit sortir des informations synthétiques et digestes en utilisant un langage clair. Il tente de ne pas les « embrouiller » avec ses années d'ingénierie et de pratique du coaching. Il sait que tout est complexe, mais que c'est bien une forme de simplicité qui rendra la tâche facile à ses athlètes. Comme à titre individuel, il déploie des trésors de pédagogie pour que tout le monde s'y retrouve !

Lors des briefings collectifs, par exemple, il s'efforce de partager des informations claires et va droit au but, en évitant les mensonges inutiles et dangereux. En fin psychologue, il se centre sur l'action en tenant compte des enjeux collectifs et individuels. Du coup, chacun peut se positionner. Évitant tout autoritarisme, il écoute et répond aux questions ensuite.

À moi de jouer

Je prépare mes briefings en tenant compte des besoins de chacun et des enjeux collectifs. Lorsque je prends la parole, je suis au milieu de mon équipe et communique la synthèse de ma perception avec pour objectif de mettre chacun dans les dispositions à réussir. Je prends mes responsabilités et dis avec courage et doigté les vérités qui correspondent aux besoins du groupe, quitte à taire quelques éléments parfois peu opportuns à divulguer, à un moment donné. Je réponds aux demandes avec intelligence.

Management de l'équipe
Mes réflexions sur les briefings d'équipe

....

....

....

Management de moi-même
Mes réflexions sur la façon dont je prépare mes briefings

....

....

....

⑤ Coopère avec les autres

Outre sa capacité d'implication et de gestion des capacités physiques, le coach-coéquipier sait développer l'intelligence collective pour l'action. Pour y parvenir, il va suivre de près ses sportifs à titre individuel et collectif, sur un registre formel comme informel. C'est un coopérant né qui sait aussi être un ami de lui-même, en sachant relâcher la pression du résultat pour se centrer avec sérénité sur le simple plaisir d'être coach. À ce titre, il est plus zen que le coach-capitaine toujours en mouvement, au service de la « gagne » !

⑥ À l'écoute de chacun

Psychologique et opérationnel, le suivi individuel des athlètes est exigeant. Il interroge la relation duelle si spécifique qui lie les couples qui marchent. Un binôme particulier dans le sport où la relation n'est pas symétrique puisque l'athlète a besoin de son coach pour se construire. À ce dernier d'apporter aux sportifs toute l'attention et la considération dont ils ont besoin, d'autant qu'il est bien souvent confronté à de jeunes adultes en éclosion. *« Le coach-coéquipier, un très bon psychologue qui a la capacité de détecter la personnalité naissante et de l'accompagner quand elle se transforme en un athlète de haut niveau »*, juge Philippe Omnès (escrime). Ce pédagogue doit aussi exercer ses talents avec des personnalités « extrêmes » ou dérangeantes qui remettent en cause des certitudes, y compris les siennes !

Être coach-coéquipier signifie véritablement amener ses « poulains » vers la réussite de leur projet sportif, y compris en tenant compte de leur équilibre de vie personnel. En effet, le sport de haut niveau bouscule, bien souvent, les équilibres familiaux et sociaux. Si le coach-coéquipier réussit dans sa mission, c'est parce qu'il a une connaissance forte de ses athlètes dans leur globalité, grâce à son observation, son attention et sa passion de l'autre. Cette « microfusion » affective est l'expression de son intelligence spécifique !

S'imprégner de l'autre et être à son écoute ne va toutefois pas de soi, surtout si le coach est un ancien sportif de haut niveau. Il risque alors de rester centré sur lui-même. *« Avoir été athlète de haut niveau peut être un handicap pour un entraîneur »*, admet Aimé Jacquet (football).

Ses analyses risquent d'être davantage liées à son expérience personnelle qu'à celle de ses sportifs. Du coup, il risque de moins bien comprendre leurs difficultés. » Même perception de Claude Fauquet (natation) : « *Un coach ancien athlète de haut niveau ne sera un bon entraîneur que s'il a fait le deuil de ce qu'il a été et n'essaie pas de reproduire son clone !* » Dans sa relation duelle, le coach-coéquipier doit donc accepter d'être numéro 2 derrière l'athlète qui doit rester l'auteur de ses performances, y compris sur un plan médiatique. « *Quand le coach prend la grosse tête et devient un objet de starisation à la place de son athlète, le contrat est rompu*, souligne encore Claude Fauquet. *En effet, l'athlète s'y perd et ne se reconnaît plus sur le socle sur lequel il s'est construit.* »

> Au milieu de mes athlètes symboliques, je joue parfaitement mon rôle de coopérant, précis et à l'écoute. Ce sont eux les champions d'aujourd'hui et de demain, les stars. Moi, je ressens des émotions fortes à les voir avancer sur la trajectoire de la performance. Mon intelligence de coéquipier me permet d'interagir avec eux et, quelque part, d'apprécier les différentes personnalités qui avancent.

⑦ Crée une communauté « gagnante »

Le coach-coéquipier n'est pas qu'un développeur de talents individuel, il sait aussi faire de son équipe une entité solidaire orientée vers la « gagne » et... le plaisir de partager. Avec l'intelligence qui lui est propre, il va amener chaque coéquipier à développer un sentiment d'appartenance et à passer, petit à petit, du « je » au « nous » dans la façon de s'exprimer. Créer cette dynamique collective est central dans l'exercice de son métier. Il y réussit en insufflant une cohésion de groupe, par une répartition des rôles adaptée, un style de management affectif mais contrôlé et une communication *ad hoc*. Son charisme et sa capacité à susciter la confiance lui facilitent largement la tâche.

⑧ Crée une organisation adaptée

Certes, la cohésion d'équipe est assez naturelle chez les athlètes, car le contexte sportif s'y prête. Mais un bon esprit collectif ne conduit pas forcément une équipe à produire une énergie porteuse de progrès individuel et collectif. Sans alchimie particulière, une collection d'individus, si performants soient-ils séparément, n'est en effet pas un gage de valeur ajoutée pour le groupe. *« Le manager de l'équipe doit créer les conditions pour que le tout soit plus que la somme des parties »*, explicite Claude Fauquet (natation). Pour que le groupe suscite cette dynamique où chacun donne le meilleur de lui-même en boostant les autres, le coach-coéquipier va travailler spécifiquement sur la coopération entre sportifs en s'appuyant sur les ressources de l'organisation. Il va ainsi s'attacher à définir avec soin les rôles de chacun pour créer des connexions et des combinaisons sportives valorisantes. *« Les meilleurs entraîneurs savent utiliser au mieux le potentiel technique, physique, tactique et mental de leurs sportifs. Ils permettent à chacun de s'exprimer totalement dans un climat positif. Ce qui compte, finalement, ce n'est pas tant d'avoir de grands joueurs que de réussir la mosaïque »*, affirme sans hésiter Aimé Jacquet.

⑨ Des échanges nourris

Les briefings collectifs ne sont qu'une occasion parmi d'autres de partager. En effet, le coach-coéquipier a à cœur de multiplier les échanges avec ses sportifs avec lesquels il passe beaucoup de temps, y compris sur le terrain extra-sportif. Une sorte de communauté d'amitié sportive se crée à laquelle certains athlètes sont particulièrement attachés. *« L'un des plus beaux souvenirs que je garde des Jeux olympiques, c'est lorsqu'on s'est retrouvés le soir tout ensemble au village olympique après la demi-finale. Près de la maison où vivaient les joueurs, il y avait une petite terrasse où nous avons installé des chaises et des tables. Nous sommes restés un long moment ensemble pour prolonger le plaisir »*, se rappelle Jean-Pierre de Vincenzi (basket). Belle illustration.

> Moi aussi, je fais ressentir à mes managés que nous sommes une
> équipe et que le bonheur est dans notre victoire à tous.

⑩ Champion de l'intelligence émotionnelle

Le coach-coéquipier, champion de l'intelligence émotionnelle, met du sentiment dans son action, ce qui dynamise le groupe. *« Il ne doit pas laisser les athlètes indifférents. S'il est sans odeur et sans saveur, ça ne marchera pas, même si, techniquement, c'est OK ! »* estime Fabien Canu (judo). Au coach-coéquipier toutefois de ne pas tomber, là encore, dans les extrêmes affectifs et de garder la maîtrise de la relation. *« Pour éviter de tomber dans la gestion affective du groupe, il doit conserver sa capacité de vision et de détachement, avec son plan de travail toujours en mémoire »*, explique Jean-Pierre de Vincenzi (basket).

Le coach-coéquipier sait aussi utiliser comme ressource collective les émotions fortes que ressentent toujours les sportifs au cœur de l'action de haut niveau, lorsqu'ils progressent, se dépassent et sont proches de la victoire, galvanisés par l'engouement médiatique. Il se sert de cette énergie positive pour transformer l'essai en but !

À moi de jouer

Quels que soient ma discipline et mon secteur professionnel, lorsque mon équipe intègre le haut niveau, elle entre dans une zone d'affect fort lié à l'investissement et à la projection de chacun dans l'activité. Ainsi, dans mon action de coaching, je tente de favoriser l'expression de cet affect.

Management de mon équipe
Mes réflexions sur les affects forts dans mon équipe
....
....
....

Management de moi-même
Mes réflexions sur mes affects forts en tant que manager

....

....

....

Mais avec lucidité et recul, il sait aussi canaliser cette pression émotionnelle et protéger les athlètes des conséquences des dérives liées à tout excès. Étant lui aussi aux prises avec cette passion, il fait cas lui-même de ces sages précautions. Quittons le coach-coéquipier, si à l'aise avec les émotions, pour entrer maintenant dans l'univers du coach-arbitre, à l'aise, lui, avec les règles...

Et vous ?

La coopération, l'empathie, la proximité, la complicité, le goût des échanges, l'harmonie, la souplesse, le mental, l'abnégation, la foi dans l'autogestion. Avez-vous le profil d'un coach-coéquipier ? Pour le savoir, faites le test (en fin d'ouvrage).

Chapitre 12

L'intelligence du coach-arbitre sélectionneur, le « gardien du temple » de la règle

Figure 20 – Le coach-arbitre sélectionneur

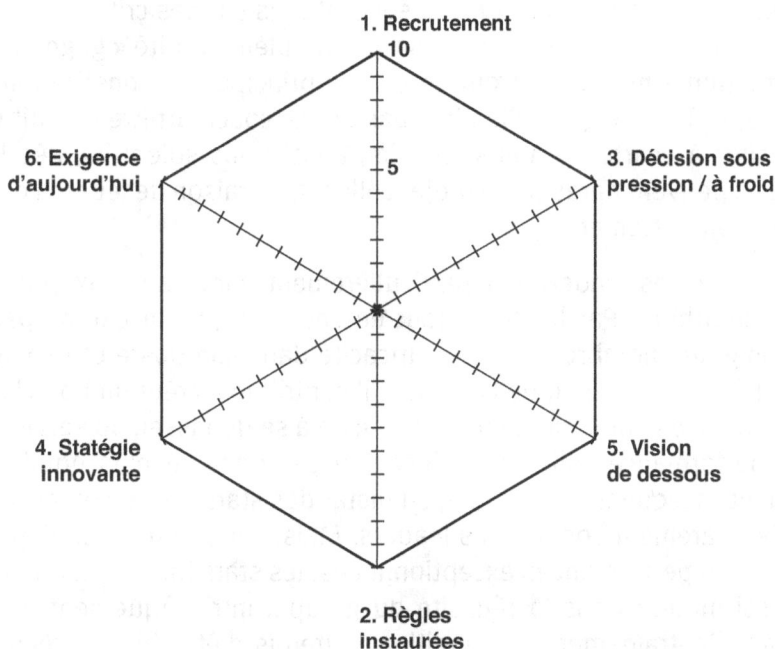

Sélectionner judicieusement les athlètes, définir et faire respecter les règles de vie collective, donner des repères, mettre en oeuvre les stratégies qu'il a soigneusement élaborées, avec une connaissance parfaite des concurrents et de l'environnement sportif, le coach-arbitre est, en quelque sorte, le gardien du temple. Symbole à lui tout seul de la prise de décision éclairée, il stimule l'intelligence stratégique de l'équipe dont il a la responsabilité.

❶ Recrute une équipe « intelligente »

Sélectionner les athlètes et constituer l'équipe en répartissant judicieusement les rôles de chacun est au cœur de la mission que le coach-arbitre s'est fixée. *« Plus de 50 % de la performance collective réside dans la sélection des sportifs. Pour obtenir un jeu très efficace, tous doivent être en parfaite osmose et complémentarité,* affirme Aimé Jacquet (football). *C'est pourquoi il est, au final, l'homme le plus important de l'équipe. »*

L'équipe dessinée par le coach-arbitre repose sur un savant dosage de couleurs : des bons professionnels, des leaders, des stars et de jeunes talents prometteurs. Ils sont retenus sur des critères de performance individuelle, mais aussi de complémentarité « gagnante ». Attention à ne pas se tromper sur les principes de constitution du groupe. Tous ce qui brille n'est pas or ! Le coach-arbitre ne doit pas hésiter à écarter certains sportifs, aussi bons soient-ils, dès lors qu'ils peuvent parasiter le projet collectif, en raison de leur jeu ou de leur comportement.

Le choix des leaders est particulièrement important aux yeux du coach-arbitre. Par leader, il faut entendre un joueur estimé par le plus grand nombre pour son efficacité dans son poste et son sens de l'équipe. Élément de cohésion, il contribue à créer un bon climat et favorise l'émulation, incitant chacun à se dépasser, au service de la performance collective. C'est une personnalité plus équilibrée qu'intrinsèquement brillante, à l'instar des stars qui se comportent, elles, rarement comme des leaders. Mais, compte tenu de l'apport de leurs performances exceptionnelles, les stars jouent un rôle tout aussi moteur dans la réussite du groupe, intrinsèquement et par effet d'entraînement. À condition toutefois d'être bien gérées, en toute intelligence avec les leaders porteurs du projet collectif, et en prenant garde à les faire accepter par les autres. *« Il ne faut pas jouer la star contre le groupe »,* insiste Aimé Jacquet (football). Attention aux conflits d'ego, à la survalorisation des talents ! Toute la cohésion et l'efficacité du groupe peuvent en pâtir. C'est donc tout un art de composer et de faire vivre l'équipe mosaïque, pour que chacun puisse donner le meilleur de lui-même. Le coach-arbitre sait faire !

À moi de jouer

Quand je recrute, je m'efforce de choisir des talents et de les intégrer au mieux au groupe. Mais je ne prends pas forcément les meilleurs. Je choisis aussi des profils pour leur valeur ajoutée à mon projet stratégique.

Management de l'équipe
Mes réflexions sur mes arbitrages lors du recrutement en fonction de mon équipe (leader et « star » par exemple)

....
....
....

Management de moi-même
Mes réflexions sur mes choix de recrutement en tant que manager

....
....
....

Les choix du coach-arbitre sont toutefois particulièrement difficiles à modéliser. Ils contiennent toujours une part de conviction personnelle liée au projet, même si les essais-erreurs sont une manière de vérifier les hypothèses de départ de l'entraîneur. Justement, rien n'est gravé dans le marbre. L'évaluation des performances tout comme la concurrence interne, qui, *de facto*, s'installe, permettent d'affiner la sélection, tout en tirant vers le haut le niveau de compétences professionnelles de l'équipe.

> L'évaluation exigeante me permet, à moi aussi, de sélectionner mes coéquipiers de vie professionnelle !

❷ Instaure des règles pour la vie collective

Avec talent, le coach-arbitre fixe, à son équipe, un cadre de jeu et des règles de fonctionnement collectives. Ces règles rassurent tout le monde, créent de la discipline et donc de la cohérence. Tout le monde tire ainsi dans le même sens, en évitant de se disperser. Elles sont donc sont indispensables. Le coach-arbitre en est pleinement conscient. Encore doit-il en justifier le bien-fondé. C'est pourquoi il ne néglige jamais d'expliquer et d'argumenter ses choix normatifs. Pour cela, il lui faut de l'autorité et de la pédagogie, car les règles sont en proie aux interprétations et aux relations de pouvoir. Gardien de la flamme, il sait remettre les éventuels francs-tireurs dans le droit chemin et n'hésite pas, s'il le faut, à sortir le carton rouge, à prendre des sanctions, jouant alors à fond son rôle d'arbitre. Rationnel, factuel, concentré, il évite le piège de l'arbitraire et de l'injustice dans lequel sa fonction pourrait le faire tomber.

À moi de jouer

Comme un préparateur de terrain de tennis, je trace les lignes et j'aime passer le balai pour qu'elles soient toujours visibles et belles, afin que mes « joueurs » aient envie de tout donner dans le cadre imparti. À moi aussi de trouver les bons mots pour que chacun s'y retrouve. Parfois, les sanctions sont indispensables. Ce rôle d'arbitre est difficile, mais il fait aussi partie de ma fonction. Je l'assume pleinement.

Management de l'équipe
Mes réflexions sur les règles pour mes managés
....
....
....

Management de moi-même
Mes réflexions sur les règles que je m'applique à moi-même en tant que manager
....
....
....

Si le coach-arbitre est le gardien des règles, il n'est pas pour autant psychorigide ! Il sait que les règles ne sont pas immuables et doivent s'adapter aux contextes. C'est pourquoi, il n'hésite pas à les remettre en question, s'il le faut, mais sans tout laisser partir en quenouille. Le coach-arbitre n'est pas plus un tyran qui veut tout régenter : il sait aussi respecter la marge d'autonomie de chacun et laisser cours à l'initiative. Et si les règles sont respectées finalement, c'est parce qu'il sait aussi rassurer et créer un climat de sérénité propice à l'action. *« Quand les joueurs sont dans un climat de confiance, ils sont dans les meilleures conditions possibles pour être performants »*, confirme Aimé Jacquet (football).

③ Prend des décisions à froid et sous pression

Ce champion des règles « gagnantes » qu'est le coach-arbitre dessine aussi en amont des compétitions les stratégies collectives et planifie les étapes à franchir pour parvenir à l'objectif. Stratège dans l'âme, il prend des décisions efficaces, parce qu'il a véritablement une vision globale de la performance. *« La prise de décision est un acte majeur du métier d'entraîneur. Elle exige du vécu, c'est-à-dire d'avoir été confronté aux choix qui conduisent ou non à la performance »*, précise Michel Cogne (volley).

Principe-clé

Le coach-arbitre est l'homme de la décision, de la « bonne décision ». L'expérience accumulée est ici fondamentale.

Avant chaque épreuve, le coach-arbitre donne un cadre et des objectifs tactiques et techniques à son équipe, des repères forts qui favorisent la performance et évitent l'éclatement du groupe. *« Par exemple, il va dire : "Aujourd'hui, c'est stratégique de jouer en défense. Voilà comment on va s'y prendre." Il a ainsi défini sa stratégie et donné des outils à ses joueurs pour la mettre en place »*, explicite Pierre Villepreux (rugby). Mais sur le terrain, les situations sont particulièrement fluctuantes. C'est pourquoi, le coach-arbitre sait être réactif et tenir compte des stratégies adverses pour « adapter le tir » avec cohérence, tout en restant parfaitement lisible pour les joueurs.

> Un manager d'équipe stratège sait adapter ses décisions aux contextes mouvants et aux opportunités de business.

④ Un stratège innovant

Se fossiliser dans ses certitudes et dans les scénarios répétitifs est le pire ennemi de la performance durable pour le coach comme ses athlètes. *« Il ne faut jamais croire que ce qui a marché une fois peut suffire. Parfois, on se met à perdre après avoir gagné une compétition »*, précise Pierre Villepreux (rugby). Dans le sport de haut niveau aussi, l'innovation est devenue indispensable voire co-substantielle aujourd'hui Qu'elle soit technique ou tactique, guidée par une idée inédite ou une approche différente, elle est véritablement susceptible de créer les conditions du succès, au moins pour un temps. *« Elle est pour nous est la clé de la réussite collective. Nous avons une approche et une philosophie qui vont à l'encontre de l'habitude »*, confirme, par exemple, Michel Cogne (volley-ball).

À moi de jouer

Je suis un innovateur. Je rêve à des combinaisons inédites, de nouvelles façons de voir ma discipline, mon activité, mon métier. Et je fonce. Mais tout n'est pas toujours possible. Cela ne m'empêche pas de proposer en permanence des micro-innovations à mon équipe. À ma prochaine réunion, que vais-je pouvoir inventer ?

Management de l'équipe
Mes réflexions sur l'innovation pour mon équipe

....
....
....

Management de moi-même
Mes réflexions sur mon innovation en tant que manager

....
....
....

Au coach-arbitre de faire son benchmark sur ce qui se fait de mieux ou d'innovant dans les autres équipes, puis de l'infuser dans la sienne en faisant un véritable travail de résistance aux différentes croyances individuelles et collectives sur les constituants de la performance.

Pour trouver ces idées novatrices, il ne doit également pas hésiter à aller voir en dehors de sa discipline et même de son sport. *« Il ne faut pas rester dans ce que l'on connaît, mais chercher ailleurs la vérité et l'adapter à sa culture et à son identité »*, affirme Pierre Villepreux (rugby). Pour jouer efficacement son rôle d'innovateur, le coach-arbitre sera, particulièrement, attentif à trouver des nouvelles façons de faire qui tiennent compte des points forts de ses athlètes.

> Comme un coach-arbitre de haut niveau, je ne vis pas dans la monoculture. Je sais que l'innovation vient souvent de l'extérieur, et je crée, chaque fois que possible, des synergies avec d'autres industries ou secteurs d'activités dont l'apport technique et culturel est enrichissant.

Quelle que soit leur nature, les innovations ne sont toutefois jamais gratuites. Elles ont une finalité unique : gagner. Orientées sur la compétition, elles sont directement opérationnelles, choisies en fonction de chaque adversaire dont les habitudes ont été décodées, du rapport de forces concret. *« Nous avons mis en place des dynamiques innovantes basées sur une analyse très fine des adversaires. Nous avons particulièrement travaillé nos capacités de réponse, comme nos attaques »*, fait valoir Michel Cogne (volley-ball).

⑤ Sort sa longue-vue

Le coach-arbitre doit également sortir sa longue-vue et se livrer à la prospective pour tenter d'anticiper les évolutions futures de sa discipline, ses règles comme ses techniques, pour se les approprier avec une longueur d'avance. Loin de s'endormir sur les lauriers de la performance actuelle, il se pose donc de multiples questions qui doivent faire progresser. Quel sera le profil du sportif de haut niveau de demain ? Comment se préparera-t-on ? Pour véritablement tirer profit de ses investigations, il a tout intérêt à avoir dans son environnement des dirigeants et managers très au fait de son intelligence stratégique et ne se contentant pas de performances éphémères.

> Même si j'ai la tête dans le « guidon », je fais de la veille technique permanente. Je m'informe et anticipe sur les mouvements socio-économiques ou technologiques susceptibles d'ébranler ou de stimuler ma discipline. Je trace des hypothèses d'avenir et choisis pour mon équipe des stratégies d'action encore plus pertinentes. Je note mes réflexions sur les évolutions déterminantes dans mon domaine et mon métier, sans négliger d'en faire un briefing à mes collaborateurs.

Si le coach-arbitre est capable de prendre de bonne décisions, c'est parce qu'il réalise des analyses pertinentes de l'environnement concurrentiel sportif, à l'échelle internationale : les règles, les techniques, les stratégies des adversaires. *« Une observation permanente de ce qui se fait est nécessaire*, confirme Claude Fauquet (natation). *C'en est fini du talent brut, on fabrique des champions ! »*

⑥ Une exigence payante

Arbitrer la sélection des athlètes, les règles collectives et la stratégie est une mission exigeante que le coach-arbitre se pique de réaliser. Car il sait qu'il va ainsi créer une énorme valeur ajoutée collective.

Et vous ?

L'objectivité, le sens de la justice, le respect du règlement, le sens aigu de la discipline, la distance, la capacité à gérer les conflits, l'application stricte des sanctions, le self-control. Avez-vous le profil d'un coach-arbitre ? Pour le savoir, faites le test.

Connaissez-vous mieux et perfectionnez-vous !

Quel est votre style de management « sportif » ?

Ce test[1] va vous aider à déterminer votre style dominant : plutôt entraîneur, capitaine, arbitre ou coéquipier. Vous pourrez alors exploiter au mieux les talents de coach qui sont en vous. Vous découvrirez aussi si votre style de management est bien adapté au contexte et à votre équipe.

Mode d'emploi

Ce test comprend 44 attitudes de management face à son équipe : aucune n'est bonne, ni mauvaise. Répondez spontanément, selon que vous vous reconnaissez tout à fait dans le comportement cité : toujours, souvent, parfois ou jamais. Pour chaque affirmation proposée, cochez la case qui correspond à l'attitude que vous adoptez :
> Toujours ou très souvent : case A
> Souvent : case B
> Parfois : case C
> Jamais : case D

	A	B	C	D
1. Je valorise constamment les points forts de mes collaborateurs.				
2. J'ai l'obsession de connaître et de révéler les talents de mon équipe.				
3. Je suis déterminé à ce que chacun de mes collaborateurs atteigne des résultats, quel que soit le moyen employé.				

1. Publié en collaboration avec *L'Usine nouvelle*, Marie-José Gava.

© Groupe Eyrolles

	A	B	C	D
4. Pour faire réussir mes collaborateurs, je dépense mon énergie sans compter, quitte à répéter 100 fois les mêmes consignes.				
5. Je suis très à cheval sur le respect des règles de fonctionnement (horaires, réunions, plannings, etc.)				
6. Je peux être un confident professionnel, tout en préservant la distance.				
7. Je suscite l'autodiagnostic chez mes collaborateurs, avant même de leur faire mon analyse.				
8. Je suis le relais de transmission des messages et des décisions de la direction, même (et surtout) en cas de désaccord.				
9. Je me focalise sur les faits plus que sur les propos des uns et des autres.				
10. Je fais corps avec mon équipe.				
11. Je déjeune ou je dîne avec les membres de mon équipe.				
12. Je condamne toute attitude individualiste qui perturbe l'activité et l'esprit d'équipe, mais sans brider les initiatives.				
13. Je suis intransigeant sur un principe : chacun doit exécuter ses engagements.				
14. Être confronté à un collaborateur qui a des lacunes ne me fait pas peur ; c'est mon rôle de l'accompagner et de le former.				
15. Mes collaborateurs me disent têtu, incapable de lâcher quoi que ce soit, tant je suis impliqué dans mon travail.				

	A	B	C	D
16. J'attache beaucoup d'importance à la communication écrite (mails, notes de service, etc.), seul garde-fou contre les malentendus et les rumeurs.				
17. Face à une équipe, je pose immédiatement mes règles de fonctionnement.				
18. Je n'hésite pas à parler à un collaborateur si je sens qu'il n'est pas dans son assiette.				
19. Je dis souvent « nous » en parlant de mon équipe, car je m'en considère membre à part entière.				
20. Dans une équipe, je cherche à repérer les potentiels-clés sur lesquels je pourrais m'appuyer.				
21. Dans mon équipe, je mets tout le monde au même niveau ; je ne prends pas en compte les leaders.				
22. Je suis ferme, parfois extrêmement dur.				
23. Je sais me rendre disponible pour mes collaborateurs, ne serait-ce que quelques minutes, même si j'ai une tâche importante à finir.				
24. Je suis le représentant humain, et pas seulement institutionnel de mon équipe.				
25. J'accepte complètement mon équipe telle qu'elle est.				
26. Le non-respect des engagements et des règles de fonctionnement me font sortir de mes gonds.				

	A	B	C	D
27. Je sais sanctionner sévèrement mes collaborateurs sans démotiver.				
28. Je n'aime pas me sentir au dessus de mes collaborateurs ; mon statut de chef à peu d'importance à mes yeux.				
29. J'aime prendre du temps pour aider mes collaborateurs à anticiper les situations ou faire des débriefings d'informations.				
30. Je donne des repères forts à mes collaborateurs.				
31. Je me fais un point d'honneur à récompenser et gratifier les membres de mon équipe.				
32. J'exprime à mes collaborateurs mes sentiments et mes émotions en toute spontanéité.				
33. Je sais être présent à tout moment pour mes collaborateurs, même sans pression de dossier ; je leur envoie un mail ou garde le contact avec chacun.				
34. Je fais preuve de self-control en toutes circonstances ; mon statut m'interdit d'exprimer mes émotions.				
35. J'assume très mal l'échec de mon équipe.				
36. Je me sens personnellement atteint si on critique l'équipe.				
37. J'ai l'œil sur la moindre source de tensions interpersonnelles qui pourrait déstabiliser l'équipe. Le cas échéant, j'interviens.				
38. Je fais tout pour créer une dynamique de groupe, une bonne ambiance et une identité collective.				

	A	B	C	D
39. Je cherche en permanence à simplifier les situations ou les informations complexes.				
40. Je passe énormément de temps à écouter, à discuter et à échanger des idées avec des collaborateurs ; ce n'est jamais du temps perdu.				
41. Je cherche constamment à agir de plus en plus vite.				
42. Je me sens le garant de valeurs telles que la justice, le courage, l'intégrité et l'humilité.				
43. J'instaure vite un cadre et des habitudes de travail dans mon équipe.				
44. Je me fais un point d'honneur à faire le lien entre mes collaborateurs pour favoriser la coopération.				
TOTAL				

Résultat

Calculez votre résultat pour identifier votre style.
Additionnez les points obtenus de la manière suivante :
> Réponse A : 10 points
> Réponse B : 6 points
> Réponse C : 3 points
> Réponse D : 0 point

En totalisant les points pour chaque catégorie définie ci-après, vous pourrez déterminer votre (ou vos) profil(s) dominant(s).

Les profils

Le style « capitaine » : le modèle à suivre

Questions	3	8	10	13	15	24	26	35	39	41	42	Total

Vos traits saillants : vous êtes complètement dans le feu de l'action, impliqué dans l'équipe, même si votre mission est souvent de mettre en œuvre la stratégie de l'entreprise. Sur le terrain, c'est vous qui décidez de la tactique. Votre intelligence des situations vous permet de mettre en œuvre celle qui vous paraît la plus adaptée, en fonction du contexte et des ressources dont vous disposez. Cette mission fait de vous la référence de l'équipe, l'exemple à donner. Comme le profil « arbitre », vous êtes très directif. En cas de crise, vous êtes prêt à mouiller votre chemise pour sortir le groupe de l'impasse. Dans une situation de conflit, vous n'hésitez pas à faire du rentre-dedans, quitte à vous montrer agressif, car votre objectif est d'atteindre les résultats, par tous les moyens. Vous vous opposez de ce fait aux profils « entraîneur » et « coéquipier », soucieux de proximité. Vous prenez forcément l'échec de plein fouet, tant votre implication est forte.

Profils associés
Bernard Laporte, rugby
José Anigo, football
Philippe Blain, volley
Didier Deschamps, football

Contextes propices : le management de commerciaux de « grands comptes » qui ont besoin de s'identifier à une « grosse pointure », les situations de crises…

Les limites : ni entraîneur ni arbitre, le capitaine a moins de recul sur le système. Ce rôle qui suppose par ailleurs d'être infaillible !

Le style « entraîneur » : l'accompagnateur

Questions	1	2	4	7	14	20	23	25	29	31	32	Total

Profils associés
Aimé Jacquet, football
Christian Lanta, rugby
Marc Madiot, cyclisme

Vos traits saillants : vous avez une âme de guide et de formateur, prêt à vous dépasser pour faire progresser vos collaborateurs. Doué d'un sens poussé de la pédagogie, vous savez repérer les talents, valoriser leurs points forts, tout en sachant très bien évaluer les compétences avec objectivité. Vous ne négligez pas pour autant ceux qui présentent une faille dans leur profil professionnel. Patient et capable d'abnégation, vous êtes en effet capable de les coacher, même s'il faut répéter inlassablement les mêmes conseils. En tant qu'entraîneur, vous ne faites pas partie de l'équipe de terrain ; vous êtes là pour aider vos collaborateurs à se développer, tout en les incitant à puiser leur énergie dans le groupe. Pour autant, vous ne tirez aucune vanité à jouer les catalyseurs d'énergie. Vous êtes l'anti-star. Vous la jouez « profil bas », car vous n'existez que pour les autres et faites votre maximum pour leur faire atteindre l'excellence.

Contextes propices : le management de juniors, la préparation d'une équipe à une échéance cruciale ou à un niveau technique supérieur.

Les limites : la casquette de « manager-entraîneur » est difficile à assumer en entreprise, car, tôt ou tard, il faut rappeler l'autorité et sanctionner, pour éviter de se faire dépasser par son équipe.

Le style « coéquipier » : le fédérateur

Questions	6	11	18	19	21	28	32	36	38	40	44	Total

Profils associés
Yannick Noah, tennis
Luis Fernandez, foot
Glenn Hoag, volley
Muriel Zazoui, patinage artistique

Vos traits saillants : vous faites de la dynamique de groupe la pierre angulaire de votre management. Vous avez le souci de fédérer les énergies individuelles pour créer une identité collective. Pour vous, l'ambiance, l'amitié, c'est crucial. Si vous mettez un point d'honneur à être le trait d'union entre vos collaborateurs, vous accordez une importance relative à votre statut de chef. Membre de l'équipe à part entière, vous vous positionnez au même niveau que vos collaborateurs. Un peu comme Philippe Presti, le skipper d'Areva, qui « winche » parfois avec ses coéquipiers ou qui, inversement, leur demande de barrer. Pour ne pas vous couper de votre équipe, vous jouez à fond la carte de la complicité professionnelle. Vos points forts : l'empathie et le sens de l'écoute. Vous ne voyez donc pas d'obstacle à déjeuner ou dîner avec vos collaborateurs, à discuter de façon informelle autour d'un pot ou à coacher un coéquipier qui a le blues. Si l'ambiance de travail que vous êtes parvenu à créer vous satisfait et que tout fonctionne, vous avez atteint votre but : une certaine forme d'autogestion.

Contextes propices : le management de collaborateurs épris d'autonomie, par exemple des créatifs, des journalistes ou des consultants…

Les limites : veillez à ne pas trop vous « lâcher » et recadrez les échanges pour ne pas basculer dans les confidences personnelles. Evitez d'être trop proche de votre équipe pour ne pas se faire rejeter.

Le style « arbitre » : le défenseur des lois

Questions	5	9	12	16	17	22	27	30	34	37	43	Total

Profils associés
Daniel Costantini, handball
Vahid Halilhodzic, football
Jean-Paul Loth, tennis

Vos traits saillants : vous vous considérez comme le garant des valeurs et de la justice. Au-delà des règles dans votre équipe, ce sont celles de l'entreprise que vous vous faites un point d'honneur à appliquer. Vous êtes de ce fait très attaché au respect des process, des plannings, des horaires, etc. Doté d'une grande maîtrise de vous-même, vous rejetez le management à l'affectif qui pourrait brouiller votre analyse des situations. Votre capacité à prendre du recul vous aide à juger avec objectivité. Attaché aux faits, vous ne vous laissez guère influencer. Vous n'hésitez pas à fustiger l'individualisme et les gros ego s'ils risquent de perturber la vie du groupe et les normes établies. Vous êtes donc particulièrement vigilant aux signes de tension qui pourraient mettre en péril l'organisation. S'il y a faute vous pouvez sortir le carton rouge, c'est-à-dire sanctionner tel ou tel collaborateur, quitte à vous en séparer.

Contextes propices : prise de fonction, succession d'un manager, gestion d'une équipe issue d'une fusion, management de stars…

Les limites : ce style de coaching peut être un peu bridant pour des jeunes collaborateurs en pleine croissance.

À moi de jouer

En fonction des situations, je suis entraîneur, arbitre, capitaine ou coéquipier. Je m'adapte intelligemment à ces différents rôles que je joue avec mes collaborateurs. Je ne suis pas parfait partout, mais je continue, j'avance, j'affine toujours plus mon regard et ma compréhension de chaque rôle. À chaque événement sportif relayé par les médias, j'observe et surtout j'apprends à chaque fois sur ces quatre rôles.

Mes réflexions sur les quatre casquettes du coaching
Mes analogies avec un coach

....
....
....

Mes décisions et/ou actions

....
....
....

Le sport de haut niveau, un modèle pas un dogme

En entreprise, le sport de haut niveau est devenu une vraie référence, symbole de dépassement et de performance. Mais on part de loin. Souvenons-nous simplement du sketch de Coluche en 1977 *(J'ai pas dit ça sur les sportifs)* : « *L'esprit d'équipe... C'est des mecs qui sont une équipe, ils ont un esprit ! Alors, ils partagent ! »*

Avant d'être professionnel, il s'est construit autour de l'amateurisme, dans un environnement symbolique hautement éducatif. Il est à même de jouer cette fonction de modèle vivant. Les analogies entre sportifs de haut niveau et managers sont fortes. Les champions et leurs coachs nous apprennent beaucoup, tant leur réussite est exemplaire. Nous espérons l'avoir montré tout au long de cet ouvrage, en décortiquant leurs formes d'intelligence et en multipliant métaphores et exercices avec un sens pédagogique.

Le sport de haut niveau est porteur de comportements et de pratiques éclairantes qui font écho dans l'entreprise. Les comprendre et les tester a toute son utilité. Dans les séminaires que nous animons, les managers ont plaisir à découvrir leur mode de fonctionnement et leurs relations managériales en se comparant aux sportifs de haut niveau ou à leur coach. Assimiler les enseignements sportifs leur permet également d'améliorer leurs pratiques et de développer la performance. Nous n'invitons pas à tout transposer *in extenso*, mais à adapter des façons de réfléchir et adopter des concepts utilisés et des comportements. Dans ce livre, la démarche a visé à mettre à votre disposition les connaissances disponibles à l'intersection du haut niveau sportif et du management dans la grande entreprise.

Le sport de haut niveau comme concept de management nécessite des précautions d'usage et de généralisation. Les pratiques de haut niveau dans un secteur d'activité connexe (ici, le sport) peuvent aider une entreprise à prospérer et à apporter la valeur ajoutée économique et sociale. En faire un dogme élitiste où seuls les meilleurs ou les plus intelligents auraient seuls droit de cité serait dangereux et contreproductif pour la collectivité.

Nous avons l'intime conviction que tout le monde peut progresser grâce à l'intelligence sportive, même sans atteindre les premières marches du podium managérial.

Tout au long de cet ouvrage, nous avons été attentifs à vous montrer les pièges et les erreurs à éviter, comme celui de l'ego surdimensionné, de la starisation et de l'idéalisation du champion par les « groupies ». Évitons également de confondre coaching individuel (par définition global) et coaching mental (une des sept intelligences sportives). Ne voyons pas non plus dans le coaching sportif un exercice de formatage collectif. Coacher dans l'entreprise par l'intelligence sportive, ce n'est pas non plus demander à chacun de se taper dans les mains dans un style cliché américano-sportif ! Le coaching sportif a pour objectif d'aider les sportifs à mieux se connaître, à grandir, à gagner, mais aussi à s'épanouir dans le plaisir de l'action. Ne nous mettons toutefois pas un bandeau sur les yeux : dans le sport de haut niveau, comme dans toute activité humaine, certains en font trop ou sombrent dans les dérives. Le dopage, qui gonfle artificiellement la performance, au nom de la gloriole ou de l'argent-roi, en est une illustration flagrante. Même dans ses travers, le modèle sportif peut être intéressant à titre de contre-exemple !

Retenons plutôt du sport de haut niveau ses belles valeurs de progrès, d'épanouissement personnel, de réussite et de collectivité humaine orientée vers un but noble : faire le métier. La puissance du modèle vivant du sport de haut niveau sera d'autant plus importante que chacun aura le recul nécessaire pour l'utiliser à bon escient. Nous espérons vous avoir accompagné(e) dans cette aventure.

Pour aller plus loin...

BELBIN M., *Management Teams : Why They Succeed or Fail,* Elsevier-Butterworth-Heinemann, London, 2004.

BELL K., *If You Want to Soar With the Eagles, Don't Fly With the Turkeys : 76 Rules for Outperforming the Competition,* Keel Publications, Austin Texas, 2003.

BELL K., *Championship sports psychology,* Keel Publications, Austin Texas, 1989

BELLENGER L., *Comment managent les grands coachs sportifs : des pistes concrètes pour le coaching en entreprise,* ESF, 2001.

BOURNOIS F., DUVAL-HAMEL J., ROUSSILLON S. et Scaringella J-L., *Comités exécutifs,* Eyrolles, 2007.

BOURNOIS F., CHAVEL T. et FILLERON A., *Le Grand Livre du coaching,* Eyrolles, 2008.

BRUNEL Valérie, Les managers de l'âme, La Découverte, 2008.

CHAMALIDIS M., *Splendeurs et misères des champions,* Éditions de l'Homme, 2000.

DEFRANCE J., *Sociologie du sport,* éditions La Découverte, 2006.

DUCASSE F. et CHAMALIDIS M., *Champion dans la tête : la recherche de la performance dans le sport et dans la vie,* Éditions de l'Homme, 2006.

DELIGNIÈRES D., *Psychologie du sport,* Que-sais-je ?, 2008.

FONTANEL M., *Sportif de haut niveau, manager en devenir,* L'Harmattan, 2008.

LE DEUFF H., *Entraînement mental du sportif : Comment éliminer les freins psychologiques pour atteindre les conditions optimales de Performance,* @mphora, 2002.

Levêque M., *Psychologie de l'athlète : Radiographie d'une carrière de sportif de haut niveau,* Vuibert, 2008.

Ordioni N., *Sport et société,* Ellipses, 2002.

Prud'homme L., *Performance des comités exécutifs : jeu des affinités et du hasard,* Eyrolles, 2009.

Terret T., *Histoire du sport,* Que-sais-je ?, Paris, 2007.

Whitmore J., *Coaching : les techniques d'entraînement du sport de haut niveau au service des entreprises,* Maxima, 1994.

Table des matières

Première partie
Les sept intelligences sportives
de l'athlète de haut niveau

Introduction

Chapitre 1

L'intelligence stratégique,
l'art de la compétition 31

Chapitre 2

L'intelligence technique,
l'art des gestes précis et coordonnés 41

Chapitre 6

L'intelligence collective,
l'art des relations avec les autres **73**

Chapitre 7

L'intelligence axiologique,
l'art d'avoir des valeurs pour réussir **83**

Chapitre 10

L'intelligence du coach-capitaine,
le leader tout-terrain **139**

Chapitre 11

L'intelligence du coach-coéquipier,
le coopérateur dans l'action **149**

Chapitre 12

Test

Épilogue

www.ingramcontent.com/pod-product-compliance
Lightning Source LLC
Chambersburg PA
CBHW061306220326
41599CB00026B/4753